WILDE FRAUEN REISEN ANDERS

BYBLOS VERLAG BERLIN

Wilde Frauen
reisen anders

Herausgegeben von
Christiane Landgrebe

REISEGESCHICHTEN

Gertrude Bell
Freya Stark
Alexandra David-Néel
Ella Maillart
Elizabeth von Arnim
Martha Gellhorn
Mary McCarthy
Djuna Barnes

DEUTSCHE ERSTAUSGABE
© 1994 BY BYBLOS VERLAG GMBH, BERLIN
DIE RECHTSVERMERKE FÜR DIE EINZELNEN BEITRÄGE
BEFINDEN SICH IM QUELLENVERZEICHNIS
AM ENDE DES BANDES
GESAMTGESTALTUNG: GIJS SIERMAN
SATZ: LVD GMBH, BERLIN
DRUCK: DRUKKERIJ BARIET B.V., RUINEN
ISBN 3-929029-31-6

INHALT

GERTRUDE BELL Ein schwieriger Gipfel
SEITE 7

FREYA STARK Zwei Wochen in Nordwest-Luristan
SEITE 17

ALEXANDRA DAVID-NÉEL Beinahe am Ende
SEITE 37

ELLA MAILLART Vom Klassenzimmer aufs weite Meer
SEITE 53

ELIZABETH VON ARNIM Von Göhren nach Thiessow
SEITE 75

MARTHA GELLHORN Bummeln auf Booten
SEITE 95

MARY McCARTHY Nordvietnamesisches Idyll
SEITE 141

DJUNA BARNES Der Saum von Manhattan
SEITE 165

Nachbemerkung
SEITE 174

Quellenverzeichnis
SEITE 176

GERTRUDE BELL

Ein schwieriger Gipfel

Meiringen, Sonntag, 3. August 1902
An den Vater
Diesmal muß ich mit dem Bekenntnis beginnen, daß sich so manch düstere Prophezeiung von Euch beinahe bewahrheitet hätte und ich eigentlich recht erfreut bin, daß meine Knochen nicht verstreut und kalt in den Alpen herumliegen ... Seid jedoch unbesorgt, sie befinden sich alle heil und gesund auf der Grimsel, und gäbe es nicht diese leichten Erfrierungen an den Füßen, wäre ich schon wieder fröhlich auf dem Weg zu neuen Abenteuern ...

Am Montag regnete es, und wir konnten nichts unternehmen. Am Dienstag machten wir uns um ein Uhr früh auf den Weg und nahmen uns einen Spalt hoch oben im Wetterhorn-Massiv vor, den wir durch das Fernglas erkundet hatten. Wir erreichten ihn nach einem dreistündigen Aufstieg, um dann leider festzustellen, daß ununterbrochen Eisabbrüche herabstürzten. Wir kamen zu dem Schluß, daß der Aufstieg viel zu riskant war – es wäre in der Tat schierer Wahnsinn gewesen. Traurig kehrten wir um.

Am nächsten Morgen fuhr ich um sechs von Meiringen ab und teilte den Waggon mit einem lieben amerikanischen Ehepaar, das auf einer Wandertour durch die Schweiz war – hauptsächlich per Eisenbahn, vermute ich. Also, wir aßen zu Mittag und machten uns am Nachmittag auf den Weg zum Pavillon Dollfuß, wo wir um sechs eintrafen. Etwas Einladenderes als die kleine Hütte an diesem Abend kann man sich kaum vorstellen. Das Wetter war perfekt, der schönste Abend, den ich je in den Alpen erlebt habe. Bis die Sonne um sieben hinter dem Schreckhorn unterging, saß ich ohne Mantel draußen und ging botanisierend über die Alp, während meine Führer die Suppe kochten. Ich fand sehr süße blasse Veilchen unter den großen Steinen und hatte alles für mich allein.

Vor uns lag die Besteigung der Finsteraarhorn-Ostwand – das ist ein hübsches Problem, und die Meinungen der Experten gehen hinsichtlich der Machbarkeit sehr auseinander. Dr. Wilson hat es sich in diesem Jahr angesehen und sich dagegen entschieden. Wir haben es uns zwei Jahre lang angesehen und uns dafür entschieden, und andere Autoritäten sind mit uns einer Meinung. Der Berg hat auf der Seite gegenüber dem Schreckhorn eine Reihe von Abschwüngen, die sich strahlenförmig vom extrem spitzen Gipfel bis zum Finsteraargletscher erstrecken ... Der Grat, der immer diskutiert wurde, baut sich vom Gletscher her in einer Folge von Felstürmen auf, die in einem solch unmöglichen Winkel zur steilen Bergwand stehen, daß man sich wundert, wie sie überhaupt stehenbleiben; und eigentlich kann man wirklich nicht von Stehen reden, denn im oberen Teil kippen sie ständig ab. Dauernd rollen Felsbrocken in die Couloirs zwischen den Berggraten, und überall liegt und hängt lockeres Gestein, irgendeine Turmspitze kann ständig abbrechen. Aber wenn man nahe am Grat geht, ist man einigermaßen sicher, weil die Brocken in die Couloirs zu beiden Seiten fallen; das einzige Problem ist es, auf den Grat zu kommen – denn dafür muß man durch ein Couloir, in dem ständig Steinlawinen abgehen, von Schneelawinen ganz zu schweigen. Das fing schon an, als wir es eine Stunde nach Sonnenaufgang durchquerten. Wir verließen die Hütte um 1 Uhr 35.

Donnerstag. Wir überquerten den Gletscherabbruch genau bei Sonnenaufgang, und um sechs waren wir auf dem Grat, weit weg von den Steinen, die der Berg während der ersten halben Stunde Kletterei auf uns abgefeuert hatte (zum Glück zielte er schlecht). Wir frühstückten, dann folgte ein schwieriger und gefährlicher Aufstieg. Er war schwierig, weil die Wand extrem steil ist. Dann kamen die unvermeidlichen schwierigen Kaminklettereien – an einen erinnere ich mich besonders, weil es anschließend so verflixt schwer war, wieder herunterzukommen, oder wir hätten uns um einen Turm herummogeln oder ein vereistes Couloir durchqueren müssen. Jedenfalls war alles irgendwie gefährlich, weil der ganze Felsen brüchig war. Das fand ich am Morgen heraus, als ich mich mit der Hand in einem Riß abstützte, der aussah, als reiche er bis zum Grund aller Dinge. Leider brach daraufhin ein gewaltiger Felsbrocken heraus, fiel auf mich und schubste mich ein Stück abwärts, bis ich mich endlich auf einer winzigen Felsbank von ihm trennen konnte. Ich kam ohne Seilzug auf die Füße, Gott sei Dank – denn ein bißchen später ließ ich das Seil zufällig durch die Hände gleiten und stellte fest, daß der Felsbrocken es etwa einen Meter von meiner Taille entfernt zur Hälfte durchschnitten hatte. Und so ging es immer weiter den Grat hinauf, und die Türme vermehrten sich wie die Kaninchen und wurden steiler und höher, und als ich mich gegen zwei Uhr mal umschaute, sah ich große schwarze Wolken aus dem Westen heranrollen. Aber zu dem Zeitpunkt lag der höchste Turm des Grats noch weit über uns, und der Berggipfel war noch viel weiter weg, und obwohl wir noch immer nicht sehen konnten, wie der Grat oben aussah, waren wir voll Gleichmut und stiegen eine weitere Stunde auf, während sich das Wetter immer mehr verschlechterte.

Um drei, gerade als die ersten Schneeflocken fielen, ragten vor uns die letzten beiden Felstürme auf – und der erste sah ganz unmöglich aus. Der Aufschwung war immer schmaler geworden, die Seiten fielen steiler ab, während wir hochkletterten, so daß wir uns schon seit geraumer Zeit ganz nah an den scharfen Grat halten mußten; dann bäumte er sich zu einem großen Turm auf, der nach rechts überhing und aus schiefrigen, schlüpfrigen Platten bestand, die wie Dachziegel angeordnet waren, und darunter fiel der Berg etwa 20 Fuß fast senkrecht zum Sattel hin ab. Wir befanden uns jetzt etwa 1000 Fuß unterhalb des Gipfels, vielleicht sogar weniger, jedenfalls konnten wir die restliche Route ausmachen – sie war nicht einfach, aber möglich, waren wir erst einmal am Turm vorbei. Und wenn wir oben waren, konnten wir auf der anderen Seite bei jedem Wetter absteigen. Wir mußten es versuchen.

Der Schnee fiel schnell, er wurde von starkem Wind getrieben, und dicker Nebel quoll aus dem Tal über das Finsteraar-Joch. Wir krochen über den rasiermesserscharfen Grat eines kleinen Sattels, befestigten das Seil an einem Felsen und ließen Ulrich auf einen Sims unter dem Überhang des Turms herunter. Er probierte ein paar Minuten lang, Stand zu finden, dann gab er auf. Der Sims war furchtbar schmal, fiel nach außen ab und bestand aus höchst brüchigem Gestein. Hoffnungslos. Also versuchten wir es auf der andern Seite des Turms: Da verlief eine sehr steile, vereiste Rinne etwa 50 Fuß quer nach oben. War diese Rinne gequert, schien der Rest normal zu sein. Wieder ließen wir uns am Extraseil zum Fuß des Turms hinab, mußten aber feststellen, daß auch diese Route unmöglich war. Ich glaube, einen Monat später hätte man das Couloir durchqueren können. Nach einem warmen August wäre das Eis geschmolzen, und obwohl die Rinne wirklich sehr steil ist, sah der Fels, soweit man ihn unter dem Eis ausmachen konnte, solide aus. Wir entschlossen uns jedenfalls zum Rückzug – obwohl der Abstieg über diesen entsetzlichen Grat furchtbar sein würde. Aber schon fuhr der Schnee in einer kleinen Lawine durch das Couloir, und der Wind stürzte sich auf uns und trug die Nebel mit sich. Bei gutem Wetter wären wir nur kurze Zeit auf dem Grat geblieben und hätten dann in den Hang traversiert zu einer anderen Route im oberen Fels. Zwar bin ich nicht sicher, ob das wirklich möglich gewesen wäre, aber wir hätten alles versucht. Nach einer halben Stunde Abwärtskletterei war rechts und links nichts mehr vom Berg zu sehen, nur wenn eine Wolke wegrollte und sich eine andere darüberschob, gab es ein bißchen freie Sicht. Der Neuschnee deckte die Felsen mit unglaublicher Geschwindigkeit zu. Nach den Schwierigkeiten beim Aufstieg kannst Du Dir vorstellen, wie es jetzt beim Abstieg aussah, wo wir den Stein nicht einmal mehr sehen konnten. Besonders an einer Stelle, wo wir einen Turm umrunden mußten.

Wir kamen um die Ecke, einen sehr steilen Kamin hinunter, erreichten eine schräg nach außen abfallende, schneebedeckte Felskante. Da war ein Riß, in dem man stehen und sich mit einer Hand an der Wand festhalten konnte, bevor man sich etwa acht Fuß auf einen steilen Schneeabhang hinunterlassen mußte. Wir befestigten das Extraseil und rutschten einer nach dem anderen über den Felsen auf den Schnee. Es war zwar mehr oder weniger sicher, weil man sich an dem gesicherten Seil halten konnte, aber es war doch ein schreckliches Gefühl. Ich werde mich mein Leben lang an jeden Zoll dieser Felswand erinnern! Es war jetzt fast sechs. Und wir wollten um alles in der Welt beim Kamin sein – der Kamin vom Mittag, der besonders schwierige –, solange er noch nicht völlig verschneit war. Wir quälten uns bis acht Uhr weiter. Inzwischen wütete ein furchtbares Unwetter. Wir standen neben einem großen Felsturm, als es plötzlich krachte und sekundenlang eine blaue Flamme darauf tanzte. Mein Eispickel zuckte in meiner Hand, und ich hatte das Gefühl, durch meinen Wollhandschuh hindurch Hitze zu spüren. War das möglich? Ich habe den Handschuh nicht ausgezogen, um nachzusehen! Bevor wir wußten, wie uns geschah, schlug schon wieder ein Blitz ein – es war ein riesiger, hochaufragender Turm, der die Blitze anzog –, aber wir hielten uns nicht mit Vermutungen auf, sondern polterten so schnell wir nur konnten einen Kamin hinunter. Es ist nicht lustig, mitten im dicksten Gewitter einen Blitzableiter mit sich herumzutragen!

Es war klar, daß wir in dieser Nacht nicht weitergehen konnten. Das Problem war, das bestmögliche Nachtquartier zu finden, solange es noch hell genug war. Wir stießen auf einen winzigen windgeschützten Felsvorsprung; er war gerade groß genug, daß ich mich ganz hinten auf einen sehr spitzen Felsbrocken setzen konnte. Wenn ich mich krümmte, konnte ich sogar meinen Kopf schützen. Ulrich saß auf meinen Füßen, um sie warm zu halten, und Heinrich gleich davor. Beide steckten ihre Füße in ihren Rucksack, die goldene Regel des Biwakierens. Wir zitterten die ganze Nacht, aber unsere Hände und Füße waren warm, und Bergsteiger sind wie Mimosen, wenn es um ihre Zehen geht. Ich nickte ziemlich oft ein und wurde jede Stunde oder so durch die unerträgliche Unbequemlichkeit meiner Stellung geweckt, die ich dann um einen oder zwei Zoll veränderte, so daß es für eine weitere Stunde erträglich war. Zuerst machte das Gewitter das Ganze ziemlich aufregend. Die Donnerschläge folgten den Blitzen so rasch, daß kein Abstand dazwischen zu liegen schien. Wir seilten uns am Felsen über uns an – für den Fall, wie Ulrich ungerührt feststellte, daß einer von uns vom Blitz getroffen werden sollte und umfiele. Die Felsen um uns herum knisterten und zischten wie feuchtes Holz, das gerade zu brennen beginnt. Allmählich klarte die Nacht auf und wurde wunderschön sternenhell. Zwischen zwei und drei ging der Mond auf, eine winzige Sichel, und wir sprachen davon, was für eine Freude es sein würde, wenn die Sonne aufginge und uns die ersten Strahlen endlich wärmen würden. Aber die Sonne ging überhaupt nicht auf – oder praktisch nicht. Der Tag kam eingehüllt in dichtesten Nebel und mit einem schneidenden, schneebeladenen Wind – es war Freitag, die Sonne sahen wir den ganzen Tag nicht. Es mußte während des Gewitters dauernd weitergeschneit haben, denn als wir im ersten grauen Licht etwa um vier die Köpfe hoben und aufstanden (zu steif, um es noch einen Augenblick länger auszuhalten), war alles unter Schnee vergraben.

Ich kann Dir diesen Tag kaum beschreiben. Von vier Uhr früh bis acht Uhr abends waren wir auf dem Grat. In dieser Zeit aßen wir dreimal ein oder zwei Minuten lang; meine Verpflegung bestand aus genau fünf Pfefferkuchen, zwei Riegeln Schokolade, einer Scheibe Brot, einem Stückchen Käse und einer Handvoll Rosinen. Wir hatten nichts zu trinken außer einer Pfütze Schnaps am Boden meiner Feldflasche und einem Schluck Wein im Weinschlauch der Bergführer, aber es war zu kalt, um durstig zu sein. Ohne das Extraseil wären wir überhaupt nicht weitergekommen. Kannst Du Dir vorstellen, welche Mühe es kostete, alle paar Fuß einen Felsen zu finden, um den man es schlingen konnte, und dann mußten wir es hinter uns herunterziehen und wieder neu befestigen. Beide Seile waren völlig vereist und entsetzlich schwer zu handhaben, und das Wetter war grauenvoll. Es schneite den ganzen Tag, manchmal leise, wie anständiger Schnee fallen sollte, manchmal mit einem heftigen, bitterkalten Wind, der uns den Schnee nicht nur entgegentrieb, sondern der auch alles von den Felsen fegte, in die Abgründe, Couloirs und über uns wirbelte. In allen Couloirs strömten Schneeflüsse – wir mußten einen überqueren, oh, wie entsetzlich und mühsam das war! Sobald man eine Stufe zurechtgehauen hatte, war sie schon wieder voll Schnee, bevor man den Fuß hineinsetzen konnte. Wir waren entschlossen hinunterzukommen, unter allen Umständen. Und das hielt uns dermaßen beschäftigt, daß uns keine Zeit blieb, an die Beschwernisse zu denken. Ich weiß, ich habe nie an die Gefahren gedacht, nur einmal, und da war ich ganz ruhig. Ich erzähle Dir gleich davon.

Das nächste, das wir in Angriff nehmen mußten, war der Kamin. Wir mußten unser Seil zweimal darin festmachen, das zweite Mal an einem sehr wackeligen Stift. Ich hatte einen festen Stand und hielt Heinrich. Da war ein Überhang. Er kletterte ein bißchen, fiel dann auf weichen Schnee und kollerte das Couloir hinunter, bis mein Seil ihn mit einem Ruck aufhielt. Dann stieg er linkerhand auf einen Felsen, ungefähr auf halber Höhe des Überhangs. Ulrich kam zu mir herunter, und ich machte es genau wie Heinrich. Das vereiste Extraseil glitt mir wie Butter durch die Hände. Dann kam Ulrich. Er wurde von Heinrich und mir gehalten; ich stand ein gutes Stück weiter links, aber nur halb so hoch oben wie er. Er kletterte zu der Stelle hinunter, von der wir beide gefallen waren, und fragte uns bei jedem Schritt um Rat. Dann rief er: »Heinrich, Heinrich, ich bin verloren!« und purzelte hinunter, genau wie wir, und wir konnten ihn im Couloir halten – mehr tot als lebendig vor Angst. Wir gaben ihm ein Stück Zucker mit ein paar Tropfen von unserem kostbaren Brandy, und er erholte sich bald und machte so entschlossen weiter wie zuvor. Wir dachten, jetzt sei das Ärgste vorbei, aber es kam noch schlimmer. Es war eine Stelle, die uns schon beim Aufstieg Mühe gemacht hatte, eine steile, aber kurze Schräge aus vereistem Fels am Fuß eines Turms. Die Schräge war jetzt mit etwa vier Zoll Lawinenschnee bedeckt, und der Fels war nicht zu sehen. Das Ganze lag am Rand eines riesigen Couloirs, durch das ein Schneefluß schoß. Wir mogelten uns durch. Auf jeden Fall kamen Ulrich und ich dann zu einer Stelle am Ende des Extraseils, wo nicht genug Standplatz für uns beide war. Er war ungesichert und konnte mich nicht halten, Heinrich stand unter uns am Rand des Couloirs, auch ungesichert. Und ich sollte das Extraseil an einem Felsen ein kleines Stück unter mir neu befestigen, so daß ich ebenfalls praktisch ungesichert war. Aber es war die einzige Möglichkeit. Die Entfernungen waren für meine Arme zu groß, ich kam nicht an die Felsen heran: Ich reichte Heinrich meinen Eispickel und sagte ihm, mir bliebe nichts anderes übrig, als mich fallen zu lassen, aber er konnte sich nicht sichern oder tat es jedenfalls nicht, und eine Sekunde später stürzten wir beide Hals über Kopf das Couloir hinunter, das fast senkrecht abfiel. Ich habe keine Ahnung, wie Ulrich uns hat halten können! Er sagte selbst, er hätte es nicht für möglich gehalten, aber als er mich sagen hörte, ich würde fallen, bohrte er das spitze Ende des Eispickels blitzschnell in einen Riß über seinem Kopf, und damit und mit seinem Körper konnte er uns alle drei halten. Ich kam im Schnee gleich wieder auf die Füße, bekam meine Seilschlaufe frei, hielt Heinrich, holte seinen und meinen Eispickel, dann hackten wir uns langsam das Couloir bis zum Fuß des Felsens hoch. Aber es hätte ins Auge gehen können, und ich schämte mich ein wenig, weil ich mitschuldig war.

Ungefähr um zwei Uhr nachmittags wurden wir alle müde. Ich hatte Schmerzen in Schulter und Rücken, was vermutlich auf die Überanstrengung beim Klettern und die Erschöpfung durch das Zittern zurückzuführen war, denn es war unmöglich, die müden Muskeln in dieser bitteren Kälte zu beherrschen. Und so kletterten wir noch sechs Stunden weiter, von denen nur die letzte leicht war, und um acht erreichten wir endlich den Finsteraargletscher; im Dunkeln stießen wir mit viel Glück auf die richtige Stelle im Bergschrund und seilten uns darüber ab. Es war jetzt wirklich dunkel, der Schnee hatte sich in strömenden Regen verwandelt, und wir sanken mit jedem Schritt bis über die Knöchel im weichen Sulz ein. Außerdem waren wir völlig durchnäßt. Wir mußten mehrere große Spalten überqueren und den Abbruch hinunter, bevor wir den Unteraargletscher erreichten und in Sicherheit waren. Vor diesem Abstieg hatten wir keine Angst, da wir glaubten, uns auf unsere Laterne verlassen zu können. Aber kein einziges Streichholz wollte brennen. Wir hatten jede Sorte in metallenen Streichholzschachteln, aber die Schachteln waren naß, und wir hatten nicht einen trockenen Fetzen mehr an uns, um sie abzuwischen. Schließlich versuchten wir ohne Laterne weiterzugehen. Nach ein paar Schritten sank Heinrich fast bis zum Hals an einer weichen Stelle ein, und Ulrich und ich mußten ihn unter größten Schwierigkeiten herausziehen. Das war ein wirklich verzweifelter Augenblick. Wir hatten uns so auf trockene Decken im Pavillon Dollfuß gefreut, und hier waren wir nun, mit der Aussicht auf eine weitere Nacht im Freien. Und sie würde schlimmer werden als die erste, denn wir saßen schutzlos und in peitschendem Regen auf dem Gletscher. Wir legten unsere drei Eispickel nebeneinander und setzten uns darauf. Ulrich und ich steckten unsere Füße in einen Sack, aber Heinrich weigerte sich, den anderen zu benutzen, und gab ihn mir, damit ich mich darauflegen konnte. Meine Schultern schmerzten unerträglich. Ich bestand darauf, daß wir alle etwas aßen, wenn auch nur einen Bissen. Dann legte ich mir ein nasses Taschentuch übers Gesicht, damit der Regen nicht darauf herumtrommeln konnte, und schlief ein. Es klingt unglaublich, aber ich glaube, wir schliefen alle mehr oder weniger, erwachten dann und wann in dieser fürchterlich unbequemen Lage und schliefen wieder ein. Ich tröstete mich, indem ich an Maurice in Südafrika dachte und wie er draußen im strömenden Regen schlief, was ihm nicht geschadet hat. Wir konnten die Zeit nicht bestimmen, aber früher als wir es erwartet hatten, zog über dem Schnee ein graues Licht auf, und als ich endlich meine Armbanduhr lesen konnte, da war es schon vier. Wir rappelten uns auf. Zuerst konnten wir kaum stehen, aber nach ein paar Schritten begannen wir ganz achtbar zu marschieren. Etwa um sechs erreichten wir die Stelle, wo wir uns vom Seil lösen konnten – nach 48 Stunden am Seil –, und wir kamen am Samstag um zehn am Grimselpaß an.

Alle hatten große Angst um uns gehabt, als sie das Wetter sahen, und nach Meiringen, nach Grindelwald telegraphiert, um zu erfahren, ob wir aufgetaucht seien. Ich stieg in ein warmes Bad und entdeckte zu meiner großen Überraschung, daß meine Füße eiskalt und völlig gefühllos waren. Nachdem ich aber einige gekochte Eier gegessen und krügeweise heiße Milch getrunken hatte, ging ich ins Bett und erwachte zur Dinnerzeit, um festzustellen, daß meine Zehen geschwollen und steif waren. Frau Lieseguay tauchte auf und sagte, daß ein südamerikanischer Arzt am Nachmittag vorbeigekommen sei, nach Ulrich und Heinrich gesehen, ihre Hände und Füße in Watte gepackt und ihnen geraten habe, sie sollten sich sehr warm halten. Also wickelte sie auch meine Füße in Watte – meine Hände sind fast wieder in Ordnung, aber ich glaube, meine Füße sind schlimmer dran als ihre. Es scheint sich jedoch langsam zu bessern, und ich denke nicht, daß ich zehenlos sein werde. Schlimm ist nur, daß man mit geschwollenen Zehen, die in Watte verpackt sind, überhaupt nicht gehen kann und ich einfach warten muß, bis sie heilen. Ich schlief etwa 24 Stunden und erwachte nur, um zu essen, und jetzt ist es vier Uhr nachmittags, und ich stehe gleich auf und trinke Tee. Meine beiden Führer scheinen keinen Schaden genommen zu haben, außer daß Ulrich heute morgen über Rheumatismus klagte; was mich angeht, so bin ich vollkommen gesund, bis auf meine Zehen – noch nicht mal eine Erkältung. Erstaunlich!

Ist das nicht ein schreckliches Abenteuer? Jetzt, wo ich bequem im Haus sitze, frage ich mich doch ernsthaft, wie wir es fertigbrachten, heil vom Finsteraarhorn herunterzukommen und nicht an seinem Fuße erfroren zu sein.

FREYA STARK

Zwei Wochen in Nordwest-Luristan

In der Wüstenei der Zivilisationen bewahrt Luristan noch immer seinen Zauber. Seine Flüsse sind punktierte blaue Linien auf der Landkarte, und die Lage seiner Berge zu bestimmen bleibt dem persönlichen Geschmack überlassen. Hier ist noch Raum für den Entdecker.

Er fragt nach dem Unmöglichen
Und geht dann und tut es.

Ich habe es nicht getan, denn ich bin nur ein sehr kleines Stück weit vorgedrungen. Aber ich habe zwei Wochen in dem Teil des Landes verbracht, in dem Reisende weniger häufig ermordet werden, und ich habe die Luren in ihren echten mittelalterlichen Gewändern gesehen – dem weißen enganliegenden Leibrock, dessen Ärmel in Zipfeln vom Ellbogen herabhängen, und den weißen, über die langen Locken gezogenen Filzmützen. Da die persische Regierung sich in den Kopf gesetzt hat, sie binnen Jahresfrist als à la Ferangi zu kleiden, mit spitzen Käppis und dem Bild des Schahs auf dem Futter, lohnt es sich vielleicht, noch einmal ein möglichst getreues Bild von ihnen zu zeichnen, bevor eine allzu mustergültige Ordnung ihrer Schönheit ein Ende setzt.

Stellen Sie sich Hadschi und mich vor, wie wir auf ungewöhnlich dürren Ponys zum Warasan-Paß hinaufklettern. In unserm Rücken liegen die Stadt Nihawand und, schon näher, der Hügel von Gian, wo man die liebenswürdige Gastfreundschaft französischer Archäologen genießt, die einem die Satteltaschen mit Bovril und Schinken stopfen, wobei man den letzteren aber leider unberührt lassen muß – aus Gründen der Religion, die hier, wie immer, eine heitere Lebensführung stört. Hadschi schaut düster drein. Freunde haben ihm prophezeit, daß man ihn umbringen wird. Die grasbewachsenen Hänge des Kuh Garu, die sich unter unsern Füßen dehnen, schließen Luristan ab wie eine Mauer. So in ein Land einzusteigen, das als unsicher gilt, erhöht alle Lebensgeister, wenn auch in dem funkelnden Sonnenlicht, in der gleißenden Einsamkeit inmitten der gewaltigen Bergketten unter dem blassen Oktoberhimmel kein Gefühl der Gefährdung aufkommen kann. Faktisch nimmt man im Augenblick auch an, daß nur die drei anderen Pässe über den Kuh Garu von Räubern gehalten werden. Unser Warasan ist seit sechs Wochen fest in der Hand der Regierung. Es ist gut, dessen eingedenk zu bleiben; leicht könnte man sonst versucht sein, die Besatzung für Banditen zu halten anstatt für Polizei. Sie stürzen aus einem gemauerten runden Turm hervor, und die polierten, sauber gehaltenen Gewehre nehmen sich neben den Bruchstücken ihrer sonstigen Ausrüstung seltsam aus. Sie erheben einen Zoll von acht Kran für jedes Lasttier, das den Paß überquert. Als die Räuber den Paß noch hielten, nahmen sie nur fünfzig Pfennig mehr, und dieses geregelte Einkommen wäre ihnen noch lange Zeit sicher gewesen, hätten sie nicht eines Tages mit zwei Händlern die Geduld verloren, die vierzig Pfennig vom Tarif abdingen wollten: Ihr Tod verursachte einen Stillstand in der Holzkohlenausfuhr aus Luristan, die über den Kuh Garu geht. Da bestimmte die Regierung, die Banditen auszuheben und einigen Luren aus Khawa, die sich zur Zeit an Gesetz und Ordnung halten, zehn Gewehre zu übergeben und ihnen den Paß und die daraus fließenden Einkünfte zu überlassen.

Die Freiwilligen waren gutmütige Leute; es machte ihnen Spaß, ein wenig zu plaudern, und sie waren ritterlich genug, zu Ehren ihres ersten Ferangi aus der Ebene auf ihre acht Kran zu verzichten.

Sie brachten Gläschen mit Tee heraus in die Sonne, breiteten eine Filzdecke aus und fingen an, mit dem ganzen Enthusiasmus der Angehörigen der niederen Schichten die augenblickliche Sicherheit in ganz Persien zu rühmen. Einer von ihnen hatte eine Wunde am Bein, die ich mit Branntwein behandelte, während der Chef des

Postens, die langen Haare aus der Stirn streichend und auf sein Gewehr gestützt, langsam die Adresse auf meinem Empfehlungsbrief an den Gouverneur von Alischtar entzifferte. Dieser Brief war ein »Sesam, öffne dich!«. Der völlig belanglose Inhalt war glücklicherweise versiegelt, aber der Name auf dem Umschlag hatte mich bereits aus den Fallstricken der Polizei von Nihawand gerettet. Ich brauchte ihn nur hervorzuziehen, um den Eindruck zu erwecken, ich reise unter dem hohem Schutz irgendwelcher regierender Mächte, und wenn ich ihn jemandem übergab, so bemühte ich mich, eine entsprechende Haltung zu pflegen. Ich besaß außerdem einen Brief an den Bruder des Kommandanten von Warasan, der noch mehr Liebenswürdigkeit und die Zusage einer Nachtherberge drunten in der Ebene von Khawa bewirkte. Die zehn saßen in einer Reihe nebeneinander und betrachteten mich; dem schlossen sich zwei dienstbare Geister an, die, wie sie erklärten, gekommen waren, um zu fegen, obgleich sich kein Anlaß für derartige häusliche Bemühungen inmitten des Geröles bot. Jedesmal, wenn eine Karawane von Stammesleuten mühsam kletternd den Paß erreicht hatte, schlenderte einer aus der Gruppe hinüber, um sie anzuhalten und den Zoll zu erheben. Die kleinen schwarzen Ochsen, die unter den ungeheuren, mit Holzkohle oder Korn gefüllten Säcken aus Ziegenwolle fast verschwanden, trotteten sicheren Trittes voran, während die Männer stehenblieben, das Geld vorzählten und das Neueste aus dem Dschungel oder aus der Stadt berichteten, je nachdem, ob sie von Süden oder von Norden kamen. Ihre Straße zog sich wie ein Band tief drunten quer über die Ebene von Khawa, deren von spitzen Hügelchen und wogenden Bergketten gesäumter Südrand in den Dunst der Ferne überging.

Nur sehr wenige Europäer durchreisen das Land. Sir A. T. Wilson ist hier gewesen, und vielleicht noch ein halbes Dutzend anderer Reisender. Und im Jahre 1836 hat Sir Henry Rawlinson sein persisches Regiment hier durchgeführt und vor seinem Geist die untergegangenen Geister beschworen, die ihre Rosse in dem offenen Hügelland hatten weiden lassen.

Wir nahmen von der kleinen Besatzung Abschied und kamen nur unter Schwierigkeiten an dem steilen, zerrissenen Südhang vorwärts, der für Pferde kaum gangbar ist. Der Weg führt vom Paß herab durch eine felsige Schlucht. Die ganze Bergkette ist wie eine Welle, deren flache Seite wir aus der Ebene von Nihawand erklommen hatten, während jetzt die Steilseite vor uns lag. Und als wir über den glatten Kalkstein rutschten und stolperten, vergaß Hadschi, daß er mir gegenüber behauptet hatte, er kenne jeden Zoll des Weges, und jammerte mit rührseliger Stimme über diese Gegend, die nur für Gesindel geschaffen sei.

Irgendwie schien es aber angemessen, daß der Zugang zu dem verbotenen Land nicht allzuleicht war. Unsere Erwartungen hatten sich seit Nihawand immer höher gespannt, wo man (obgleich man doch in unmittelbarer Nachbarschaft lebt) von Luristan wie von einer gänzlich unbekannten Gegend spricht, in der Gesetze und Standards gelten, an denen der friedliche Städter keinen Anteil hat. Tag für Tag bringen Karawanen schwarzer Ochsen ihre Lasten von Holzkohle oder Korn aus den fernen Dschungeln des Südens über die Gebirgsmauer. Die Stammesleute, deren Haar ungepflegt ist und aus deren Augen unverhüllte Feindseligkeit spricht, hocken in abgesonderten Gruppen am Wall der alten Festung und haben keinerlei Verkehr mit den Stadtbewohnern. Die Hüter des Warasan machten mit ihren zerlumpten Kleidern und blitzenden Gewehrläufen diesen Gegensatz augenfällig. Als wir bei ihnen anlangten, standen wir am Tor eines fremden Landes. Diese Gegenden bereist niemand, der nicht die Freiheit eines Stammes oder einen anderen mächtigen Schutz besitzt. Kein Bauer oder Handelsmann stieg über den Paß. Nur Luren in ihren weißen Röcken musterten uns mit mißtrauischen, furchtlosen Blicken. Sie grüßten uns nicht, waren aber, wie ich feststellte, durchaus bereit zu antworten, wenn man sie ansprach.

Und nun tat sich an einer Biegung unserer engen Schlucht unter uns die Ebene von Khawa auf, die wie eine gelbe Woge an die Felsen des Kuh Garu heranflutete. Sie war in ganz arkadischer Weise mit dunklen Herden und Zelten gesprenkelt und von Ost nach West durch einen Fluß mit grünen Ufern geteilt. Während die ferne Südseite ganz aus einsamem Weideland bestand, das sich bis an den Fuß der niedrigen Hügel ausdehnte, sah man in der Mitte abgeerntete Kornfelder, ackernde Stammesleute, Dörfer, wo das Gebirge zur Ebene herabstieg, und hie und da die Grabhügel versunkener Städte.

Es müssen einst volkreiche Siedlungen gewesen sein, als sich noch eine vielbenutzte Straße von Nihawand oder Harsin über einen der zugänglicheren Pässe durch die Dörfer von Khawa nach Alischtar zog – das im 14. Jahrhundert als bedeutende Stadt erwähnt wird –, und von da weiter nach Khurramabad und in die Ebenen des Ostens. Man vermutet, daß der Rebell Gautama irgendwo in diesen Bereichen von Darius niedergeworfen worden ist. Hier auch lagen aller Wahrscheinlichkeit nach die Nisäischen Felder, die Alexander auf seinem Zug nach Persien besuchte, die aber schon lange vor seiner Zeit unter den Achämeniden wegen ihrer Pferde berühmt waren. In den versteckten Tälchen findet man Bronzen, Feuersteine und Keramik. Woge auf Woge ungenannter und ungezählter Völker verliert sich hier im geschichtslosen Dunkel der Zeiten.

Das war es indessen nicht, was uns zunächst beschäftigte, sondern vielmehr das Problem, in einer Ebene von zehn auf zwanzig Meilen, in der niemand Weg noch Steg kannte, unsere speziellen Luren ausfindig zu machen. Ein verwahrloster großer Mensch mit buschigen Augenbrauen hatte sich uns in Nihawand als Führer angeschlossen. Aber auch er war, wie ich rasch entdeckte, nie hier oben gewesen – und dazu kam noch, daß der Opiumgenuß, der den Leuten die Beine gründlicher lähmt als das Bier, ihn gänzlich zum Wrack gemacht hatte. Er setzte sich in regelmäßigen Abständen nieder, mit der Miene eines seekranken Reisenden in den ersten Zeiten der Schiffahrt über den Ärmelkanal, und zeigte für unsere Hoffnungen auf ein Mahl unter Freunden keinerlei Interesse.

Wir erreichten die Grenze des Ackerlandes, ritten gemächlich zwischen gepflügten Feldern und Melonengärten dahin, bis wir schließlich auf Leute stießen, die uns den Weg zu unsern Kiram Ali Luren am Erdhügel von Qal'a Kafrasch im Westen wiesen, wo ein paar Lehmhütten und eine oder zwei Reihen schwarzer Zelte eine Art Dorf bildeten. Der Erdhügel, etwa achtzig Fuß breit und achtzig hoch, erhebt sich mit der künstlichen Regelmäßigkeit dieser Gebilde, die in ganz Persien und Mesopotamien das untergegangene Menschenwerk anzeigen; über mancher Landschaft liegt dort diese Stimmung unerhört alter Friedhöfe. Die Luren von Kafrasch ließen sich jedoch von der Altehrwürdigkeit ihrer Umgebung nicht bedrücken: es war das fidelste Spitzbubenpack, das man sich wünschen konnte; und wie sie sagten, waren sie begeistert darüber, daß wir den Mut besaßen, uns unter sie zu wagen. In der Abwesenheit des Khans regierte seine Frau das Haus: ein entzückendes Weib mit sehr schmalem, länglichem Gesicht und geschwungenen Brauen – eine stolze und eigenartige Schönheit, aber von einem unvorstellbar verschlagenen Lächeln geprägt. Ihre dunklen Haare, in denen Henna schimmerte, fielen in zwei gelockten Wellen auf beide Schultern herab und waren von einem ungeheuern Sarband oder Turban aus bunter Seide gekrönt, der schief über dem einen Auge saß, so daß ein vertrackter, aus Verwegenheit und Würde gemischter Eindruck entstand. Über einem losen, mit gelben Blumen bedruckten Baumwollgewand trug sie eine auf Taille gearbeitete rote Samtjacke. Und ihr Gang war der einer Königin. Auch über ihren Haushalt herrschte sie wie eine Königin, ganz ohne die Unterwürfigkeit, die die Perserin im allgemeinen auszeichnet. Sie forderte mich auf, neben ihr Platz zu nehmen, probierte meinen Hut auf und untersuchte jedes einzelne Stück meiner Kleidung, das ihr zugänglich war, umarmte mich, erklärte, ich sei ihre Schwester, und erlaubte mir, das Baby zu halten. Vettern, Onkel, Brüder und Schwäger saßen mittlerweile im Halbkreis auf der entgegengesetzten Seite der Feuerstelle und erwarteten das Ende dieser weiblichen Freundschaftsbezeigungen. Ihre Gesichter waren listig und lang, die Augen standen dicht beieinander, dabei wirkten sie aber kräftig, starkknochig und gesund. Sie hielten nichts von den Leuten in der Ebene. »Wir hier oben rauchen kein Opium«, sagten sie mit einem Seitenblick auf meinen Führer, der eben ein Stück glühender Holzkohle an seine zweite Pfeife führte. Auch Hadschi, der nicht verbergen kann, daß es für ihn Zivilisation nur in einer persischen Stadt gibt, wurde als Fremder kühl behandelt; mich dagegen, selbst eine Frau der Berge, die zu ihrem Vergnügen durch Luristan reiste, nahm man freundlich auf.

Als es Abend wurde und wir den letzten Mundvoll Reis von dem runden Tablett vor uns genommen hatten, wurde ein gewaltiges Feldbett für mich hereingebracht, das sie bei den Russen erbeutet hatten. Mein Gastfreund und seine schöne Frau richteten sich unter einer Decke in einem Winkel des Raumes ein; vier Brüder oder Vettern belegten den Platz zu meinen Füßen. In einem letzten Akt der Fürsorge nahmen sie meine Schuhe vom Boden auf und legten sie unter meine Matratze, denn ich selbst hatte noch nicht gelernt, daß man in Luristan auf allem schläft, was man besitzt.

Der nächste Morgen glich der Frühe eines Herbsttages in Schottland. Ein feiner Nebel drang durch die wollenen Dächer der Zelte ein und aus und zog sich am Boden zwischen den Weidenbäumen hin, die vereinzelt dem Lauf des Flüßchens folgten. Während die Frauen drinnen Feuer machten, wärmten sich die Männer im Schutz eines Mäuerchens in der Morgensonne. Mahmud, ein falschäugiger Bruder meines Wirtes, erbot sich, mich über den Paß nach Alischtar zu führen. »Ihr Mann aus Nihawand ist unnötig«, sagte er, »er kann heimgehen.« Nun hatte ich selbst schon diesen Gedanken gehabt, aber von jemandem vorgetragen, der vielleicht weniger freundschaftliche Pläne erwog, gefiel mir die Idee nicht mehr ganz so gut. Das hieße, den einsamen Gebirgspaß in einer Gesellschaft passieren, die nicht ohne weiteres für sich einnahm. Und Hadschis entsetzte Blicke sowie die Kühle, mit der die versammelten Stammesleute von ihnen Notiz nahmen, bestärkten mich in meinem Gefühl. Ich machte mir indessen klar, daß ein Mensch, der viel Opium raucht, in kritischen Lagen nur von geringem Nutzen ist. Und wenn die Luren etwas Böses im Schilde führten, so konnten wir sie daran kaum durch irgendwelche Anstalten hindern. Ich drückte also mein freudiges Einverständnis aus und gab taktvoll zu verstehen, ich würde die

Liebenswürdigkeit des Stammes beim Gouverneur von Alischtar zu rühmen wissen. Hadschi, eingeschüchtert durch die feindseligen Blicke, die ihn trafen, erhob nur schwachen Protest. Der Führer aus Nihawand aber brach in Tränen aus: »Ein solcher Mensch bringt nur Unglück«, sagte unser neuer Führer, als wir ihm nachsahen, wie er querfeldein davonschlich.

Wir folgten dem Pfad vom Vortage, erst den Badawar entlang, vorbei an dem Dorfe Noah, zwischen Feldern dahin. Dann aber wandten wir uns nach Süden, wo es keine Dörfer gibt, sondern meilenweit nur wogendes Hügelland, auf dem die dornigen Büsche des Gummitraganth gedeihen, den die Luren sammeln und in die Städte verkaufen. Um jede Pflanze wird eine kreisförmige Grube angelegt, der Stamm wird dreimal im Jahr im Abstand von etwa einer Woche eingeschnitten, und der Gummi kann so, wie er heraussickert, verkauft werden. Diese Gruben sind für jemanden, der durch die Gegend reitet, sehr lästig, nicht weniger als etwa ein kaninchenverseuchter Landstrich bei Dartmoor.

Während wir in erholsamer Abgeschiedenheit gemächlich plaudernd dahinzogen, während nur gelegentlich ein Schäfer mit seiner Herde die großen Linien wogenden leeren Landes unterbrach, fiel mir auf, daß wir die eigentlich beabsichtigte Richtung zum Gatschkah-Paß, auf dem ein Polizeiposten die Straße nach Alischtar sichert, nicht mehr einhielten. »Warum biegen wir so weit nach Süden ab?« fragte ich. »Der Gatschkah ist heute nicht sicher«, entgegnete Mahmud mit einem seiner lauernden Seitenblicke. »Wir wollen ihn auf einem andern Weg umgehen.«

»Ich dachte, er sei von Polizei besetzt?« sagte ich.

»Gewiß. Aber es ist eine bergige Gegend.« Mit dieser mysteriösen Antwort mußten wir uns zufriedengeben, und wir setzten unsern Ritt in nachdenklichem Schweigen und nicht ohne Unruhe fort.

Wir erreichten jetzt eine kleine Anhöhe, und vor uns lag wieder eine aus Zelten und wenigen Häusern bestehende Siedlung – der Weiler Deh Kusch. Und jenseits davon erwartete uns eine Überraschung: In weltferner Einsamkeit schlängelte sich drüben eine

Straße, die unvollendete Autostraße von Khurramabad nach Harsin. Zwischen uns und ihr ritt ein Polizist in hellblauer Uniform.

Er war mehr überrascht als wir selbst. Jedenfalls zeigte er seine Überraschung deutlicher, galoppierte heran, daß die Steine spritzten, und fragte mich, ob ich wisse, daß ich in Luristan sei. Ich sagte, ich wisse das nicht nur, sondern begebe mich zu einem Besuch beim Gouverneur. Der berühmte Brief wurde wieder vorgelegt, und zwar mit der gewohnten starken Wirkung. Indessen war der Schock doch nicht so einfach zu überwinden, und ein Sündenbock mußte gefunden werden. »Man kann nicht einfach hier mitten durch die Wildnis reisen«, sagte der Polizist, indem er sich an unsern Führer wandte. »Warum habt ihr die Straße verlassen?«

Diese Frage hat nie ihre Antwort gefunden. Der Mann sah so schuldbewußt aus, daß ich in meinen schlimmsten Befürchtungen bestärkt wurde; und erst später, nachdem ich immer wieder erfahren hatte, wie schuldbewußt jeder Lur aussieht, wenn er Auge in Auge mit dem Gesetz steht, kam mir der Gedanke, er könne vielleicht doch unschuldig gewesen sein.

Inzwischen sollte uns nicht gestattet werden weiterzureiten. Wir sollten erst unsere Mahlzeit einnehmen, verlangte der Polizist, offenbar bestrebt, uns um jeden Preis zu etwas zu zwingen, das nicht in unserer Absicht gelegen hatte. Es hat immer etwas Verlockendes, einer Bitte zu willfahren, wenn man sicher ist, gerade damit zu verärgern, und zudem war uns der Gedanke an ein Mittagessen nicht unwillkommen. Teils aber, um ebenfalls meinen Zug in dem Spiel der Widersprüche zu tun, teils auch, weil es in den Augen der Dorfbewohner eine ausgesprochene Unfreundlichkeit gewesen wäre, lehnte ich es ab, mich, wie das vorgesehen war, mit meiner Eskorte allein unter einem Baum niederzulassen, und rückte statt dessen in eines der Zelte des Stammes ein.

Während wir hier ums Feuer hockten und zusahen, wie sich das Huhn wie ein Wappenvogel am Spieß drehte, gewannen wir auch unsere gute Laune wieder. Die Möglichkeit, noch am Abend in Alischtar zu sein, war dahin – aber was bedeutet auf einer Reise ein

Tag mehr oder weniger? Der Polizist seinerseits hatte uns zum Halten gebracht, als wir beabsichtigten weiterzuziehen, und konnte also das berechtigte Gefühl haben, seiner Autorität sicher zu sein. Er begann, mit den Augen meine Aluminiumflasche abzuschätzen und Selbstgespräche über die Nützlichkeit derartiger Geräte für einsame Wachposten zu halten, die dazu verurteilt sind, ferne von ihren Kameraden im Gebirge zu leben. Auch die Luren lenkten das Gespräch nach und nach auf den einzigen Gegenstand, an dem sie zur Zeit ernstlich interessiert sind – die Kleiderfrage.

Man hatte ihnen ein Jahr Zeit gegeben, um sich einen europäischen Rock, ebensolche Hosen und einen Pahlawi-Hut zu verschaffen. Kein Mensch hatte daran gedacht, das auch wirklich zu tun: die Märchen, die mit der menschlichen Natur rechnen, geben immer ein Jahr und einen Tag, und erst am letzten Abend fängt der Held an, die Angelegenheit in Erwägung zu ziehen. Jetzt aber war ein neuer Befehl von Teheran gekommen, innerhalb von fünf Tagen habe Luristan angezogen und rasiert zu sein, lange Bärte seien unvereinbar mit einem zivilisierten Äußeren. Die Vorstellung, sich im tiefsten Luristan in fünf Tagen einen städtischen Anzug zu verschaffen, ist ein Scherz, der sich nur für den »Punch« oder die persische Regierung eignet. Die Stammesleute hörten die Ausführungen des Polizisten mit höchst unglücklichen Mienen an.

»Meinen Sie, daß die Ferangi-Kleidung ebensogut gegen Schnee und Regen schützt wie diese Filzmäntel?« fragte ich schließlich.

»Gewiß nicht«, sagte der Polizist.

»Ich sollte meinen, daß auch ein Pahlawi-Hut in diesem Klima nicht lange hält«, fuhr ich fort.

»Keinen Tag«, fiel der Chor der Stammesleute mit offensichtlichem Vergnügen ein.

Der Polizist legte meine Wasserflasche wieder nieder.

»Befehl des Schahs«, bemerkte er würdevoll und gab dann zu verstehen, daß es an der Zeit sei, aufzubrechen. Die Pässe, erklärte er, seien nicht mehr so gefährlich wie vor dem Essen: Ein Geleit sei wohl nicht erforderlich. Wenn ich die Wasserflasche selbst brauche, denke er natürlich nicht daran, mich ihrer zu berauben. Er habe diesen Vorschlag gar nicht im Ernst machen wollen. Ich möchte aber doch die Freundlichkeit haben, dem Gouverneur über die Hilfe zu berichten, die er mir habe zuteil werden lassen.

So zogen wir weiter, den Gatschkah und seine Berge immer zur Linken, in Richtung auf die Autostraße, die, soweit man sehen konnte, nur den Hufen zahlloser Esel und Maultiere als Saumpfad diente. Sie ist noch nicht ganz fertiggestellt, und auch ihr letzter und sicherster Abschnitt, auf dem Wagen zwischen Kermanschah und Harsin verkehren, wird von Zeit zu Zeit von Überfällen heimgesucht, so zum Beispiel fünf Tage bevor ich dort ankam. Hier oben in der Wildnis schien sie sich in tiefem Frieden zu sonnen, wie sie sich aus wogendem Weideland heraufschlängelte, das in den südwestlichen, weniger bekannten Tälern von Dilfan zu Geröllhügeln und Dschungeln anstieg. Wie wir im ruhigen Leuchten des Nachmittags dahinritten, gewahrten wir kaum eine Spur menschlicher Wesen, außer den Steinhaufen am Straßenrand und einem Schäfer im weißen Umhang, der seine Herde an einem nahen Abhang weidete.

Dieser niedrige, lange Kamm ist der Firuzabad-Paß, und wir wußten, daß wir die Wasserscheide überquert hatten, als wir an ein Flüßchen gelangten, das aus den Felsen zu unserer Linken hervorsprudelte. Das Wasser war samten und strahlend wie ein Vogelauge und plätscherte nach Alischtar hinunter. Wir folgten seinem Lauf und kamen bei Sonnenuntergang an die Stelle, wo sich das Gebirge in die Ebene öffnet, und zu einer kleinen Kolonie von Zelten am Westabhang.

Hier warteten wir unter dem offenen Dach des Hauptzeltes, bis man dem Khan unsere Ankunft mitgeteilt hatte. Die Luren sind, wie das kleine Mädchen mit der Locke, sehr nett, wenn sie nett sind, wenn sie aber nicht nett sind, sind sie abscheulich – und man kann selten von vornherein sagen, was einem bevorsteht. Es sind immer angstvolle Minuten, wenn man einen fremden Stamm besucht und der Dinge harrt, die da kommen sollen. Diese Beklemmung beschränkt sich nicht auf den Ausländer: Ich habe festgestellt, daß meine einheimischen Führer sie durchaus teilten und sich jedesmal beeilten, mein Erscheinen mit einem empressement zu erklären, das man nur als vergebungheischend bezeichnen konnte. Diesmal wurden die Erklärungen mit Zurückhaltung aufgenommen. Die schlauen grünlichen Äuglein unseres Gastgebers wanderten mit recht offensichtlichen Hintergedanken von mir zu meinem Gepäck, und es wurde keinerlei Versuch gemacht, eine Unterhaltung einzuleiten.

Bei solchen Gelegenheiten kommt alles darauf an, warten zu können. Wir saßen schweigend da und sahen in die Dämmerung hinaus, während der Rauch der vielen Zelte wie Nebel über der Ebene schwamm. Geißen und Schafe kamen zum Melken herein; das Scharren der Hufe und das unterdrückte Blöken erfüllte die Luft mit der sanften Gewalt des Abendfriedens. Eine Baumkrone zeichnete sich wie Spitzengewebe gegen die Ferne ab, und die neue Straße, die diagonal auf den Taleinschnitt von Khurramabad hin verläuft, verlor sich in der Dämmerung. Unsere Pferde mahlten den Häcksel aus den Lehmkrippen dicht bei uns – Hafer ist hierzulande kaum aufzutreiben –, und von Zeit zu Zeit schüttelten sie die Köpfe mit einem leisen Klirren der Glöckchen. Und vom östlichen Horizont hoben sich das Gebirge von Alischtar und der Kamm des Setid Kuh in so klaren und reinen Umrissen ab, daß ihr bloßer Anblick die Seele mit Gelassenheit erfüllte.

Mochten es nun die Schönheiten der Natur, die unmittelbare Aussicht auf das Abendessen oder die bloße Tatsache sein, daß mansich an uns gewöhnte, jedenfalls knüpfte sich nach und nach ein kleines Gespräch an, wobei die Luren begannen, gelegentlich freundlicheres Interesse zu zeigen. Sie waren übrigens, ungleich denen von Qal'a Kafrasch, wirkliche Nomaden und lebten niemals in Häusern. Es sind Mumiwand. Im Sommer bewohnen sie den Saum von Alischtar, im Winter ziehen sie mit dem ganzen Stamm in ihre »Garmsir«, die warmen Täler um Tarhan im Südwesten. Etwa in vier Wochen, im November, wollten sie aufbrechen. Die Regierung gibt sich alle Mühe, ihnen Häuser zu bauen, um sie in einer Gegend festzuhalten; sie lehnen aber diesen Wechsel einmütig ab und sagen, daß das Überwintern im Norden den Verlust eines erheblichen Teiles ihrer Herden bedeuten würde; und da die Regierung nur mit Waffengewalt südlich von Alischtar oder Khawa vordringen könnte, wird sie den Nomaden wohl noch einige Zeit ihren Willen lassen müssen.

Ich breitete für diese Nacht meinen Schlafsack auf einem Haufen Stroh aus und schlief unter dem Zeltdach ein, umgeben von den ruhenden Herden und mit Hadschi bei den Pferden in nächster Nähe.

Am nächsten Morgen traten wir den Ritt über die Ebene an. Am anderen Ende erschien das Fort von Alischtar in einer Baumgruppe. Es ist jetzt der Sitz von Recht und Ordnung und die Residenz des Gouverneurs von Nord-Luristan; bis vor drei Jahren hätte sich nicht nur kein persischer Polizist, sondern auch kein gewöhnlicher Reisender dem Ort auf weniger als sechs Meilen ungefährdet nähern können. Mir Ali Khan herrschte dort wie ein König. Er hatte ganz Nord-Luristan in seiner Gewalt und verheerte von dort aus Nihawand auf der einen und Khurramabad auf der andern Seite, so daß die Leute in der Ebene nicht außerhalb der Stadtmauern zu schlafen wagten. Die Luren hingen voller Ergebenheit an ihm: die Salsile, zu denen sein eigener Stamm der Hasanawand gehört, behaupten heute noch, daß sie 20 000 waffenfähige Männer zählen, und viele andere haben sich ihnen angeschlossen. Er speiste, so erzählt man, 300 Gäste an seiner Tafel und verwahrte neben seinen fünf Frauen in seiner Festung eine halbe Million Toman in Gold. In Alischtar lernte ich seine Schwägerin kennen, eine junge Frau, die in Teheran aufgewachsen ist und keine Sympathie für die Stämme hat. Sie beschrieb mir ihre Verzweiflung, als sie gezwungen wurde, hier im Gebirge zu leben, ohne die Möglichkeit, einen Arzt zu Rate zu ziehen, wenn sie krank war, ohne andere Gesellschaft als die Eingeborenenfrauen und ohne Aussicht, jemals wieder von hier zu entrinnen.

Die Regierung faßte endlich den Beschluß, gegen Mir Ali Khan vorzugehen. Einer seiner armenischen Freunde, ein gewisser Sangari Garkhan, mußte sich ihm auf einer kleinen Unternehmung gegen einen benachbarten Potentaten anschließen. Die Kampagne war erfolgreich, die beiden ritten Seite an Seite über den Paß von Khurramabad nach Alischtar zurück. Da wandte sich der Armenier plötzlich gegen seinen Verbündeten: Die Regierungstruppen, die er mit sich führte, schlossen auf, fesselten Mir Ali Khan und brachten ihn in größter Eile, bevor seine eigenen Leute sich gesammelt hatten, nach Khurramabad, wo er sofort gehängt wurde. Unterdessen zog der Armenier als Freund in das Fort ein, ergriff im Namen des Schahs Besitz von der Festung und überrannte von dort aus die Ebenen von Alischtar und Khawa, entwaffnete alles und zerstörte jedes Gebäude, das auch nur im geringsten zur Verteidigung geeignet schien. Auf diese Ruinen stößt man noch heute gelegentlich. Zum Dank wurde er zum Gouverneur ernannt; er hat aber später ein übles und verdientes Ende gefunden.

So erzählte der Führer, während wir unter dem leisen Klingeln des Geschirrs gemächlich über die weite, sorgfältig bebaute Ebene zogen und uns über die Seitenarme des Kahmanflusses nach und nach den Bergen am Ostrand näherten, dem Gebirgsstock, wo, wie man hier erzählt, der Kahman »in einem paradiesischen Hain« entspringt.

Es war hier wärmer als in Khawa, Reis und Mohn gedieh in den Gründen, und in den Gewässern wuchs üppiges Schilf, zwischen dem eine blaßgelbe Wasserschlange den spitzen Kopf nach uns hob. Auf den Stoppelfeldern wuchsen in großen Mengen dicht am Boden die dunkelroten Blüten der Aroideen. Nach einem Ritt von etwa einer Stunde erreichten wir alte Dorfsiedlungen, bei denen wir hie und da Grabsteine aus den frühesten Jahrhunderten des Islams fanden – rechteckige Blöcke, die an jedem Ende einen behauenen Knauf und ein erhabenes Mittelfeld trugen, das von Schriftzügen oder ornamentalen Arabesken umgeben und bedeckt war. Auch hier gibt es Erdhügel, insbesondere einen großen Hügel und ein Dorf Geraran, das größte in Alischtar, nahe dem Eingang der Kahmanschlucht zu unserer Linken. Hier, sagte unser Führer, ist der

Schatz der Feueranbeter begraben, es hat ihn aber noch niemand gefunden.

Unser Führer war jetzt sehr freundlich und sang auf kurdische Weise, wie man hier sagt.

Baina, Baina,
Nazaram Baina,
Agar dust nam diri
Shau neilim tanha.

Baina, Baina,
Sieh mich an, Baina,
Wenn auch du es willst,
Werde ich nicht einsam schlafen.

Kai lowa, lowa
Murgakam lowa;
Jerkam arraye
Dusakam kowa.

Kai lowa, lowa
Mein Vögelchen lowa
Meine Liebe macht's, daß
meine Leber wie ein kabob ist.

Das »Ai, Ai, Ai« des Refrains am Ende jeder Zeile, wild und gellend und in einem kleinen Seufzer endend, erinnerte an das Jodeln in den Alpen, aber es klang unbändiger, so wie etwa ein schnurrender Tiger einer Katze gleicht.

In Fort Alischtar angekommen, stiegen wir im Hof Kerim Khans ab, des Bruders des gehängten Mir Ali.

Die Luft der Metropole war fühlbar, denn wenn auch die Siedlung nicht größer als ein Weiler ist, bringen doch die Festung, die Regierung und die Polizei, eine Schule mit zwölf Lehrern und der

Bau einer für die künftige Autostraße berechneten Garage Unruhe und Leben.

Wir trafen Kerim Khan zu Hause an: einen einnehmenden jungen Mann, dem der Pahlawi-Hut flott zu Gesicht stand. Aber die Damen des Hauses, seine Frau und seine Schwiegermutter, nahmen gerade ihr Bad, und wiederholte Anfragen, wo der Schlüssel zum besten Zimmer sei, sowie Andeutungen, wir seien hungrig, verfehlten völlig ihre Wirkung. Die Antwort war, das Gesicht der süßen kleinen Frau werde gerade eingeseift oder ähnlich. Es ging auf zwei Uhr, mein Gastfreund und ich saßen, ganz schwach vor Hunger, im zweitbesten Zimmer einander auf einem Teppich gegenüber, zu matt zum Sprechen. Kerim schüttelte von Zeit zu Zeit den Kopf und bat mich, zu notieren, wie Ehemänner in Luristan behandelt werden. Ich versuchte ihn mit der Bemerkung zu trösten, daß dergleichen auch anderswo vorkommen solle – und wieder wurde eine gänzlich erfolglose Botschaft an die widerspenstigen Damen abgesandt.

Gegen vier Uhr endlich erschienen sie, gutgelaunt und erfrischt durch ihre Waschungen, und fanden uns in einem Zustande der Erschöpfung, der uns geneigt machte, jede beliebige Entschuldigung anzunehmen, vorausgesetzt, daß sie von dem Eintreffen des Essens gefolgt war. Und der Pilav ließ auch nicht mehr lange auf sich warten. Kerim brummte zwar noch während des Essens vor sich hin, aber sein Ton war so unsicher, wie es der eines Mannes sein muß, der sich einer festen Front zweier entschlossener Frauen gegenübersieht. Die Schwiegermutter bot in der Tat einen bestürzenden Anblick: Sie sah halb wie ein Frosch, halb wie ein Dragoner aus, und ihr Benehmen ließ auf ein unabhängiges Einkommen schließen. Sie erzählte, ihr erster Mann habe sie immer auf den Kopf geschlagen, bevor es ihr gelungen sei, sich von ihm zu trennen: ich konnte eine verstohlene Bewunderung für einen Mann nicht unterdrücken, der so viel Mut aufgebracht hatte. Kerim war Wachs in ihren Händen. Er zog sich nach dem Essen in den Hof zurück, wohin der alte Drache auch seine eigene Mutter unter das Dienstpersonal verwiesen hatte. Die beiden Damen blieben dagegen im besten Zimmer zu meiner

Seite sitzen und rückten mit der Erklärung heraus, sie seien eigentlich, bis auf den Namen, Christen. Sie haßten Luristan und hofften Kerim der Vorliebe zu entwöhnen, mit der er in der Gesellschaft seiner Stammesgenossen die Reste seines Grundbesitzes bewohnte. Sie liebten das Stadtleben und hatten Freunde unter den Missionaren. »Sie haben mich gelehrt, daß die Liebe alles in der Welt ist«, sagte die Schwiegermutter, ihre beiden Enkelchen auf den Knien. »Und Sie machen sich keine Vorstellung davon, wie ich diese Kinder liebe! Alle, außer der da drüben«, fügte sie hinzu und nickte zu dem ältesten der kleinen Mädchen hinüber, das unbeachtet in einer Ecke saß. »Ich kann sie nicht ausstehen.«

Diese eigenartige Auffassung der christlichen Lehre veranlaßte mich zu vorsichtigem Protest. Es sei doch etwas hart für das kleine Mädchen, meinte ich. Ein glasiger Ausdruck erschien in den Augen der Dame, unter den schweren Lidern. »So ist die Liebe nun einmal«, sagte sie. »Sie kommt und geht, wie sie mag.« Und dabei blieb es.

Als Konfirmandin muß die Schwiegermutter nicht leicht zu nehmen gewesen sein. Ich habe nie einen anderen Menschen von dieser unbeugsamen Brutalität getroffen. Im Hause lebte ihre hübsche junge Stieftochter von siebzehn Jahren, die sie unversehens von einer Schule in Hamadan, wo sie von der amerikanischen Mission erzogen wurde, weggenommen hatte und die sie nun als Magd hielt. Sie durfte das beste Zimmer nicht betreten, die Mahlzeiten nicht mit uns teilen, mit ihresgleichen keinerlei Umgang haben. Kein Bräutigam wurde für sie gesucht, so daß das Kind ein Leben der Bedrückung und Plackerei vor sich sah, eine ausweglose Sklaverei. Sie sprach gut Englisch und teilte mir ihren Kummer mit, als sie mich am Abend zu einem heißen Bad in den Stall führte. Ich fand aber kein zweites Mal Gelegenheit, mit ihr zu sprechen, denn das Auge der eifersüchtigen alten Dame bewachte uns, und eine Unterredung hätte ihr nur noch Schlimmeres eingetragen.

Die Schwiegermutter hatte die Tugenden ihrer Fehler: Ich bin überzeugt, daß sie sich nie in ihrem Leben vor irgend etwas oder irgend jemandem gefürchtet hat. Eines Tages ermordeten Angehörige eines wilden Stammes den Verwalter eines ihrer Güter droben am Asadabad-Paß, und die Polizei wollte sich mit der heiklen Affäre nicht befassen. Sie aber schlich sich eines Nachts selbst aus ihrem Schlafzimmer, ließ das Licht brennen, damit im Dorf niemand ihre Abwesenheit bemerkte, und machte sich daran, die Mörder im Gebirge aufzuspüren. Sie fand sie auch nach fünf Tagen, kesselte sie mit ihren eigenen Leuten ein und überlieferte sie den Gerichten.

Die beiden Damen ließen an Gastfreundlichkeit nichts zu wünschen übrig, und das Gefühl, für eine Zeit wirklich in Sicherheit zu leben, zusammen mit der Möglichkeit, sich regelmäßig zu waschen, war sehr erholsam. Abends lernte ich die ganze Gesellschaft von Fort Alischtar kennen. Kerim nahm mich zu einem Besuch beim Gouverneur mit, ich wurde in einem länglichen Audienzraum empfangen und dem Polizeichef vorgestellt, einem liebenswürdigen Nihawandi mit ausgezeichneten Manieren, den ich später noch näher kennenlernen sollte. Der Gouverneur ist ebenfalls ein Lure; er stammt aus Dizful, hat die guten Manieren eines Persers von Stand, leidet aber an Melancholie infolge der Malaria, die übrigens in der Umgebung der Reisfelder immer mehr um sich greift. Er stellte Kerim mit müder, freudloser Stimme einige Fragen über mich; und Kerims Skizze meiner Herkunft, meiner Lage und meiner Zukunftsabsichten, die er unter der Eingebung des Augenblicks verfaßte, war überzeugender als alles, was ich selbst hätte vorbringen können.

Die Festung besteht aus einem Viereck aus Lehmziegeln, mit runden Türmen, das mit Gebäuden völlig ausgefüllt ist. Die Wohnung des Gouverneurs und die Polizeikaserne, Gefängnisse, Verwaltung und Schule sind hier konzentriert. Seit den Tagen des großen Mir Ali Khan scheint es vernachlässigt zu sein. In dem langen Audienzraum blättert die Farbe von den Wänden: trotzdem bewahren sie noch eine verwitterte Fröhlichkeit, mit Jagd- und Schlachten-Szenen, Damen in Kutschen, reißenden Strömen ausgesetzt, persischen Offizieren in bauschigen Hosen, die mit Feldstechern in der Hand an kleine Kanonen gelehnt stehen – alles in allem das Viktorianische Zeitalter Luristans, verklärt von der Schwermut des Verfalls. Darunter saßen, in einem Halbkreis an einem melancholischen Tisch, der Gouverneur und ein Dutzend Besucher. Schweigende Versammlung: Der Gouverneur las Petitionen und warf zwischen zwei Dokumenten ein oder zwei Fragen ein. Er erkundigte sich dann, ob ich ihn photographieren könne. In einer Pause stand er auf, trat an die eine Schmalseite des Raumes und blieb dort stehen, während zwei Diener ihm in ein Paar sehr eleganter Hosen halfen. Wir andern blieben schweigend sitzen, den Blick taktvoll auf Fußboden oder Decke gerichtet. Als die Operation beendet und auch ein entsprechender Rock gebracht worden war, gesellte sich der Gouverneur wieder zu uns. Er teilte mir in sichtlich gehobener Stimmung mit, daß er zur Aufnahme bereit sei, und wir zogen alle in den Hof, wo ich ihn in feierlicher Stellung neben einem Brunnen photographierte.

Der zweite Tag meines Aufenthaltes verlief angenehm, aber ereignislos.

Wir wanderten ein bis zwei Meilen nordwärts zu dem Platz einer untergegangenen Stadt, offenbar dem Alischtar, das Mustaufi, ein Geograph des vierzehnten Jahrhunderts, erwähnt. Baulichkeiten sind nicht mehr zu sehen, dagegen viele von den steinernen Grabdenkmälern, die wir schon kannten, und, überall verstreut, Tonscherben aus dem dreizehnten bis fünfzehnten Jahrhundert. Es wurde hier allgemein von einem alten Minarett gesprochen, das dem von Saweh geglichen haben soll, einem runden Ziegelturm mit erhabenen Verzierungen in geometrischen Mustern. Die Regierungstruppen machten es vor drei Jahren, als man einen Aufstand der Luren befürchtete, dem Erdboden gleich. Von älteren Gräbern, den interessantesten Altertümern Luristans, fand sich so weit im Osten keine Spur. Derartiges fand man, wie uns erzählt wurde, in Dilfan.

Mein Plan war nun, mich scheinbar nach Westen, gegen Harsin, zu wenden, in Wirklichkeit aber einen Umweg zu machen und diesen Gräbern in Dilfan einen Blick zu gönnen. Mein Schrecken war deshalb nicht gering, als Kerim mir erklärte, die Behörden könnten mich nicht das Wagnis einer Reise ohne Geleit übernehmen lassen und der Polizeichef, der Sardari Naib Khan, werde mich höchstselbst auf der neuen Straße eskortieren. Ich hatte mich also offensichtlich zu wichtig gemacht: Es ist immer schwierig, hier den rechten Mittelweg zu finden, denn man möchte zwar seine Wünsche berücksichtigt sehen und womöglich auch nicht als Landstreicher deportiert oder eingesperrt werden, andererseits will man aber gerne unbedeutend genug erscheinen, um sich selbst überlassen zu bleiben. Ich hielt es indessen für richtiger, abzuwarten, bis der Polizeichef nicht mehr unter dem Einfluß seiner Kollegen stand, um dann allein mein Glück mit ihm zu versuchen und ihn vielleicht sogar dazu zu bewegen, mir bei der Plünderung des einen oder anderen Grabes behilflich zu sein; es blieb jedenfalls nichts anderes übrig, als die getroffene Anordnung möglichst freudig zu begrüßen.

Am andern Morgen nahm ich Abschied von Kerim Khan und seinen Damen und wandte mich wieder westwärts, ins Nomadenland.

ALEXANDRA DAVID-NÉEL

Beinahe am Ende

Ich mochte wohl mehrere Stunden geschlafen haben, aber meinem Gefühl nach hatte ich die Augen kaum vor ein paar Minuten zugemacht.

»Es ist Zeit«, sagt der Mann, der uns sein Pferd zur Verfügung stellen und uns bis zur Aigni-Paßhöhe begleiten wird. Er wirft einige Zweige auf die glimmende Asche; das Feuer beleuchtet die Schläfer, die sich unwirsch nur desto fester in ihre Decken wickeln. Unsere Toilette besteht nur darin, daß wir Gürtel und Strumpfbänder zuschnallen; unsere Ranzen hatten wir erst gar nicht geöffnet gehabt.

Also sind wir im Nu bereit.

»*Kale pheb*, Lama, geht langsam!« tönt die Stimme des Nepo aus seinem Schaffell hervor, als wir zur Tür hinausgehen.

Der Mond wird von einem hohen Berg verdeckt und wirft nur unsicheres Licht über das Tal. Es weht heftig. Ich fühle die Kälte sehr stark, und friere sofort an den Fingern. Obgleich ich sie in die langen Ärmel meines dicken Kleides eingewickelt habe, kann ich kaum den Stab halten. Der Fluß, der, als wir ihn gestern überschritten, noch frei dahinfloß, ist jetzt mit dickem Eis bedeckt. Am jenseitigen Ufer windet der enge Pfad sich durch das Gebüsch. Wir kommen an mehrere Abzweigungen; ohne Führer hätten wir hier lange umherirren können. Yongden lehnt ebenso wie ich die Einladung zu reiten vorerst ab. Die Kälte ist zu schneidend, da ziehe ich das Gehen vor, bis die Sonne aufgegangen ist.

Das enge Tal, dem wir folgen, scheint uns mit dem Eiseshauch von Feindseligkeit und Verrat zu empfangen. Nach einem Marsch von wenigen Stunden bricht der Tag mit blaßgrünlichem Licht an und die Landschaft wirkt nun noch unheimlicher als vorher. Auf unserem Pfad liegt nur wenig Schnee, desto riesigere Massen sehen wir seitwärts in den Schluchten.

Wir kreuzen kleine Wiesen, auf denen das nasse Gras gelb und winterlich steht. Ich steige jetzt aufs Pferd, gebe das Reiten aber bald wieder auf, bleibe etwas zurück und überlasse das Pferd Yongden. Der Dokpa, der es am Zügel führt, ärgert mich mit seinem unaufhörlichen Geschwätz. Ich liebe das Schweigen auf Gebirgswanderungen. Wenn man nur das rechte Ohr und das rechte Gemüt hat, kann man dann so viele Stimmen reden hören, die angenehmer tönen als menschliche.

Etwas später liegt auch auf unserem Pfad Schnee, allmählich wird er immer höher. Unser Führer zeigt und einen großen weißen Hügel, bei dem, wie er sagt, ein Sommerweg zu einem anderen Paß abzweigt. Ich überzeuge mich schnell, daß ich jeden Gedanken daran aufgeben muß, mich in diesem Gebirge näher umzusehen, wie ich das gern getan hätte. Diese Region kann man höchstens in der kurzen Zwischenzeit erforschen, wenn der Schmutz von Schneeschmelze und Sommerregen etwas abgetrocknet ist und die ersten starken Schneefälle noch ausstehen. Das sind aber kaum sechs Wochen.

Weil in diesem Jahr zur großen Sorge der Dokpas, so wenig Schnee gefallen ist, sind wir schon am Vormittag bei dem Latza am Scheitelpunkt des Aigni-Passes. Unser Führer legt das Gepäck ab, das er uns bis jetzt getragen hat. Er will uns hier verlassen und mit seinem Pferd zum Lager zurückkehren.

Wir dürfen nicht aus der Rolle fallen und müssen auf unsere Sicherheit bedacht sein; übergroße Freigebigkeit verbietet sich daher von selbst, aber ein kleines Geschenk hatte ich dem guten Mann doch von vornherein zugedacht. Yongden hatte ihm nur deshalb so erbaulich vorgepredigt, wie verdienstvoll es sei, Lamapilgern umsonst Gefälligkeiten zu erweisen, weil er die Dokpas unbedingt von unserer Armut überzeugen wollte. Ich hatte schon am Abend, als alles schlief, meinem Pflegesohn eine kurze Anweisung zugeflüstert. Jetzt handelt er danach.

Er zieht langsam zwei Münzen aus der Tasche und bringt dann

noch ein paar in Papier gewickelte trockene Zypressennadeln zum Vorschein.

»Dies Geld«, sagt er feierlich, »ist alles, was ich habe. Ich habe es von dem Pönpo von Taschitse bekommen, dem ich dafür aus den heiligen Schriften vorgelesen habe. Du hast mir und meiner Mutter beigestanden. Als Dank schenke ich es dir und gebe dir auch das Sang*, das aus dem berühmten Wallfahrtsort Kha Karpo stammt.«

Der Preis, den wir als Miete für Pferd und Führer bezahlen, ist freilich gering, aber der Mann kann damit zufrieden sein. Geld ist rar bei den Dokpas. Wir sind auch sicher, daß er es versteckt und daß er den Mund hält, schon aus Furcht, jemand könnte es ihm wegnehmen. So handeln wir vorsichtig und gerecht zugleich.

Yongden fügt noch einige Worte hinzu, die den Mann und seine Freunde davon überzeugen sollen, daß wir in dem Land, das wir nun betreten, durchaus nicht ohne Beschützer sind. Das wird er den Dokpas weitererzählen, und sie werden uns dann hoffentlich nicht folgen.

»Nimm das Geld, mein älterer Bruder«, drängt der Lama ihn. »Wir sind ja jetzt in dem Reich des Königs von Po, und sein Anchös, sein Hausgeistlicher, ist ein Freund von mir, wir gehören beide zum Sera-Kloster zu Lhasa. Wenn ich in Not geriete, würde er den König bitten, mir zu helfen.«

»Das wird er gewiß tun, Herr«, stimmt der Mann zu, und man hört seinem ehrerbietigen Ton an, wie sehr die armen Reisenden in seiner Achtung gestiegen sind. »Aber ich möchte doch nur den kostbaren »Sang« annehmen. Nähme ich das Geld, so verlöre ich ja das Verdienst, einem Lama geholfen zu haben ... Nein, nein, lieber nicht, an dem Verdienst liegt mir mehr, davon habe ich etwas hier auf Erden und auch im Jenseits ... Ich bitte dich, Lama, segne mich. Ich muß nun schnell nach Hause. *Kale pheb*, Lama, *Kale pheb*, Mutter!«

---

* Trockene Blätter, die wie der Weihrauch in der katholischen Kirche ihres Wohlgeruches wegen bei Reinigungs- und Beschwörungsriten verbrannt werden. Meist sind es Zypressen- oder Tannennadeln, in einigen Gebirgsgegenden manchmal aber auch junge Azaleensprossen, Kamille oder Frankraut.

Und damit ging er, hochbeglückt über seine paar trockenen Blätter und im besten Glauben, Samenkörner für sein künftiges Glück hienieden und im Jenseits ausgesät zu haben. Meine besten Wünsche begleiten ihn.

Hier standen wir bei dem Lama, aber weshalb riefen wir nicht nach tibetischem Brauch freudig: »*Lha gyalo!*«? Wir waren gar nicht so übermütig froh wie sonst, wenn wir nach einem mühseligen Anstieg einen Gipfel erobert hatten. Nach all den endlosen Märschen waren der kurze Ritt und das Wandern ohne Gepäck eine wahre Wohltat gewesen. Zum erstenmal, seit wir China verließen, hatten wir einen Paß ohne Ermüdung hinter uns gebracht; vielleicht waren wir gerade darum weniger froh gestimmt.

Aber es war weder Zeit noch Ort, sich in psychologische Probleme zu vertiefen.

»Wir bekommen Schnee«, sagt Yongden mit ernstem Gesicht. »Ich fürchte auch«, antwortete ich, »die Sonne ging so melancholisch auf. Aber warum gerade heute? Womöglich hat der Nepo doch früher, als er sollte, die Körner ausgestreut, die du ihm gestern gabst.«

Aber der Lama ging auf den Scherz nicht ein.

»Wir müssen uns beeilen«, sagte er.

Ich wollte ihn gern aufheitern und fuhr deshalb fort: »Erinnerst du dich noch an den Ngagspa-Lama am Kuku-nor, von dem die Kuhhirten erzählten, daß er es nach Belieben schneien, regnen, hageln und auch wieder aufhören lassen könnte? Ich habe ihm einige seiner Ngags abgelauscht. Wollen wir wetten, daß ich den Schnee aufhalten kann, den du herabbeschworen hast?«

Yongden lächelte nicht einmal.

»Die armen Leute brauchen doch Schnee für ihre Weiden«, sagte er, »gönne ihn ihnen doch.« Und damit ging er den steilen weißen Abhang hinab.

Sein seltsames Betragen beunruhigte mich. Was bedeutete seine Sorge wegen des Schnees? Davor hatten wir uns auf früheren Reisen doch nie gefürchtet, und überdies waren wir ganz nahe an Dörfern. Ob er sich etwa krank fühlte?

Ich beeilte mich, den Lama, der schon weit vor mir war, einzuholen. Trotz aller Mühe sah ich aber zu meinem Ärger, wie der Abstand zwischen uns immer noch wuchs. Ich versuchte den Weg durch Abschneiden zu verkürzen, aber da muß es wohl eine barmherzige Bergfee gut mit mir gemeint haben: Ich fiel plötzlich hin und rutschte gerade wie auf einem Rodelschlitten bergab. Zum Glück hatte ich den Stab tief genug gefaßt, um ihn zum Steuern gebrauchen zu können. So schoß ich, ohne zu bremsen, mit Schnellzuggeschwindigkeit an Yongden vorbei und hielt erst viel weiter unten an.

Er eilte mir schleunigst nach und kam gerade dazu, als ich den Schnee von Ranzen und Kleid abschüttelte. In seiner Freude darüber, daß mir nichts passiert war, versicherte er mir, es sei eine ganz hübsche Sportleistung gewesen und habe mir viel Mühe erspart. Yongden hatte darüber sein fröhliches Lachen wiedergefunden.

Was für trübe Vorahnungen mochten meinen sonst immer vergnügten Gefährten verstimmt haben? Ich wagte nicht, ihn danach zu fragen.

Die Landschaft verriet mir, wie verschieden das Land, das vor uns lag, von dem oberen Becken des Saluën ist. Die Luft war mit Feuchtigkeit geschwängert, der Boden naß und manchmal sogar sumpfig. Hier war schon reichlich Schnee gefallen, und die Dokpas brauchten keine Befürchtungen wegen des Graswuchses zu haben.

Wir kamen bald in die Baumzone und folgten dem Fluß, der auf dem Aigni entspringt. So gelangten wir in weite Weideländer, die am Schnittpunkt dreier Täler die ganze Bodenfläche einnahmen. Wir hatten eben das eine durchwandert, da öffnete sich, uns gerade gegenüber, hinter den Wiesen ein zweites, und ein Fluß, noch breiter als der vom Aigni kommende, strömte daraus hervor. Das dritte Tal nahm die vereinten Gewässer der beiden Flüsse auf, die sich fern von hier in den Brahmaputra ergossen. Sie brachten das Wasser, das von dem Schnee der eben überschrittenen mächtigen Gebirge abfloß, in den Indischen Ozean.

Wir hatten gewissermaßen eine der Quellen des Po-Flusses entdeckt. Sein oberer Lauf ist den Geographen noch unbekannt. Nun interessierte ich mich sehr für die zweite Quelle. Sie schien ihren Ursprung in der Nähe des augenblicklich unzugänglichen Passes zu nehmen, den die Dokpas Yöntsong genannt hatten. So sehr ich es auch bedauerte, der Schnee hinderte mich daran, den Gebirgszug an jener Seite zu erforschen. Ich wollte aber wenigstens, soweit es ging, dem Fluß folgen. Freilich ahnte ich nicht, daß dieser kleine Erkundungsgang, wie ich derer so viele in Tibet unternommen hatte, mir ein aufregendes Abenteuer einbringen sollte.

Ich teilte Yongden meinen Entschluß kurz mit. Er antwortete noch kürzer: »Es wird schneien, und wir haben nichts zu essen.«

Die Worte konnten nachdenklich stimmen.

Den Schnee fürchtete ich nicht. Ich öffnete beide Ranzen, wir prüften sie auf ihren Inhalt und waren uns einig, daß noch genug für drei Mahlzeiten da war. Das bedeutete also für drei Tage. Um des Wohllebens willen waren wir nicht in das verbotene Land aufgebrochen. Ich wollte mich in den oberen Tälern auch nicht lange aufhalten, sondern nur einen Blick hineinwerfen.

Also aufwärts!

Nach Sonnenuntergang fing es an zu schneien, erst langsam, als ob ein paar Schmetterlinge zwischen den dunklen Bäumen umherflatterten, dann allmählich dichter. Es war einer der langsamen Schneefälle, bei denen die Flocken aus einer unerschöpflichen himmlischen Vorratskammer herabzuwehen scheinen, schließlich aber die mächtigen Gipfel einhüllen und die Täler begraben.

»Laß uns das Zelt aufschlagen«, sagte ich. »Wir machen dann ein Feuer darunter an und trinken Tee.« Etwas Erfrischung brauchten wir wirklich. Seit der Abendsuppe im Dokpas-Lager hatten wir nichts mehr zu uns genommen. Trockenes Holz war rar. Es dauerte lange, bis wir es, während es immer weiter schneite, abgehauen und zusammengetragen hatten. Endlich hatten wir aber doch genug dürre Äste, um Teewasser zu kochen. Wir waren kaum mit dem frugalen Mahl fertig, als wir die übriggebliebenen Kohlen schon hinauswarfen, denn die Hitze brachte den Schnee auf dem dünnen Zeltdach zum Schmelzen, und das Wasser tropfte reichlich auf uns herab. Es war auch klar, daß unsere Pilgerstäbe, die als Zeltstangen dienten, das Gewicht des unaufhörlich fallenden Schnees nicht lange tragen konnten. Damit sie ja nicht zusammenbrachen, stellten wir mit der Zeltleinwand eine Art schrägen Schutzdaches her, das wir mit ein paar Steinen an einem nahe gelegenen Felsen befestigten. Da es nicht kalt war, gelang es uns auch bald, darunter einzuschlafen.

Von einem Gefühl qualvollen Druckes wachte ich auf. Ich hob den Kopf, stieß aber sofort gegen das Dach. Es war von der Schneelast eingedrückt, und wir lagen nun darunter begraben. Gefahr war nicht dabei, aber wir mußten uns doch möglichst schnell herausarbeiten. Ich stieß Yongden, der noch schlief, an. Unsere Situation sprach deutlich genug, so brauchte ich ihm nichts weiter zu sagen als: »Wir müssen uns langsam herumdrehen, dann beide zur gleichen Zeit aufstehen und so das Zeltleinen mit unserem Rücken hochheben.« – »Fertig? ... Los!«

Wir waren glücklich aus unserem Grab heraus, aber das half uns noch nicht viel. Es schneite weiter, und wir konnten an kein neues Obdach denken, es wäre uns wieder ebenso ergangen. Da war es schon besser weiterzuziehen, um uns warm zu halten.

So wanderten wir den Rest der Nacht und den ganzen nächsten Morgen, kamen dabei aber nicht recht vom Fleck. Der weiche Schnee erschwerte das Gehen. Und als wir in die höheren Regionen kamen, fingen wir an, auf dem vereisten Untergrund auszugleiten. Die Miniaturgletscher waren schon öfter gefroren und wieder aufgetaut und lagen jetzt heimtückisch unter einer dichten neuen Schneeschicht versteckt.

Bald nach Mittag kamen wir an einen freudig begrüßten Sa phug, das heißt, an eine Erdhöhle. Eine Felsenhöhle nennen die Tibeter dagegen Thag phug. Wir richteten uns auf dem trockenen Boden häuslich ein. Unser Zelt hängten wir wie einen Vorhang an einige Baumwurzeln über unseren Köpfen auf und hatten so den doppelten Schutz der Höhle und der Leinwand. Brennholz gab es nicht, aber wir aßen etwas Tsamba und löschten unseren Durst mit ein wenig Schnee, den wir im Mund zum Schmelzen brachten. Wir waren im übrigen so erschöpft, daß wir bis zum Morgengrauen fest schliefen.

Als wir aufwachten, fiel der Schnee noch immer. Es hatte sicherlich die ganze Nacht durchgeschneit, denn er lag nun vor unserem prähistorischen Zufluchtsort noch viel höher als gestern, doch die hohe Schneemauer hatte geholfen, uns die Nacht über warmzuhalten. Ich beschloß, unser Gepäck in der Höhle zu lassen und etwas höher hinauf auf Kundschaft auszugehen. Nur mit unseren Pilgerstäben bewaffnet, konnten wir auch viel rascher vorankommen. Wir mußten ja doch wieder zurück, um nach den Po-Dörfern zu gelangen; so konnten wir später unsere Lasten wieder abholen. Diebe waren in dieser einsamen Gegend auf dem Weg zu einem verschneiten Paß kaum zu fürchten.

Wir brachen also auf. Der Schnee fiel weiter so langsam und unerbittlich wie schon seit vierzig Stunden. An einigen Stellen, wo er sich auf schon hohe alte Schichten legte, bildete er geradezu unüberwindliche Schranken. Wir konnten keine bestimmte Richtung einhalten. Mit großer Mühe erreichte ich einen Bergkamm, von dem aus ich, wie durch einen beweglichen weißen Flockenvorhang, unsichere Umrisse von Höhen entdeckte, die wie abgefallende, wellige Halden aussahen. Vielleicht hatte Schnee aber auch ihre Formen verändert. Alle Bergsteiger machen die Erfahrung, daß die Berge in ihrem Winterkleid da runde Linien zeigen, wo im Sommer scharfe Vorsprünge und Zacken hervortreten.

Der Abstieg war noch schwieriger als das Hinaufklettern. Ich versuchte einen Punkt zu erreichen, von dem aus ich festzustellen hoffte, ob etwa aus einer engen Klamm, die ich zu unterscheiden glaubte, ein Nebenfluß hervorkäme und sich mit dem Hauptstrom vereinte. Ich arbeitete mich dorthin vor, als ich hinter mir einen Schrei hörte. Yongden war auf der Suche nach einer Abkürzung ausgeglitten und in eine Schlucht gestürzt. Sie war nicht sehr tief, hatte aber fast senkrechte Wände, und der Zugang war deshalb schwierig. Ich brauchte eine Viertelstunde, bis ich meinen armen Gefährten erreicht hatte. Er sah jammervoll aus, wie er da in seinem zerlumpten Lama-Gewand auf dem blutbespritzten Schnee lag.

»Es ist nichts Schlimmes«, antwortete er auf meine Frage, »ich muß während des Falls mit dem Kopf an einen Felsen geprallt sein. Hab keine Angst, es ist nichts als eine Schürfwunde. Ich bin nur schwindlig von dem Sturz.«

Er versuchte aufzustehen, stöhnte aber dabei, wurde blaß, schloß die Augen und klagte: »Oh, mein Fuß!«

Ich erschrak. Wenn er sich nun das Bein gebrochen hatte! Was sollten wir dann anfangen? Wir waren allein in der Wildnis, hatten nichts mehr zu essen, und der Schnee wurde von Stunde zu Stunde höher.

Ich zog ihm vorsichtig den Stiefel aus und untersuchte seinen Fuß.

Gott sei Dank, die Knochen waren heil! Er hatte sich nur den Knöchel verstaucht und das Knie etwas geschunden. An sich waren weder Leben noch Gesundheit gefährdet. Wenigstens wären sie es an einem bewohnten Ort nicht gewesen, aber hier ...?

Er war sich über den Ernst der Lage ebenso klar wie ich und versuchte nochmals aufzustehen. Es gelang ihm auch mit meiner Hilfe, und auf seinen Stock gestützt, blieb er auf einem Fuß stehen. »Ich will sehen, ob ich dich nicht tragen kann«, sagte ich. »Wir müssen zurück nach dem Sa phug und dort weiter überlegen.«

Bei allem guten Willen und aller Anstrengung mußte ich aber bald einsehen, daß meine Kräfte nicht ausreichten, meinen Pflegesohn durch den tiefen Schnee zu tragen. Zumal darunter viele Steine und ähnliche Fußangeln verborgen waren, die mich häufig zum Stolpern brachten. Yongden hatte sich nur sehr ungern tragen lassen und versuchte sich nun weiterzuhelfen, indem er sich halb auf mich, halb auf seinen Stab stützte. Es war mehr ein Kriechen als Gehen, und er mußte alle paar Meter haltmachen. Durch die Anstrengung geriet er so in Schweiß, daß die Tropfen ihm von seiner Lama-Mütze herunterrannen. Wir brauchten Stunden, um die Felshöhe zu erreichen.

Ich massierte ihm den Knöchel und gebrauchte dann den Gürtel als Stützverband. Brennholz hatten wir ebensowenig wie tags vorher, wir schauderten vor Kälte, als wir uns auf den hartgefrorenen Boden legten. Der Schnee, den wir unterwegs gegessen hatten, um unseren Durst zu löschen, und das eisige Wasser, das wir zu unserer Mahlzeit vom Flusse gehabt hatten, trugen noch zu dem innerlichen Kältegefühl bei, das uns wach hielt.

Und doch, wäre nicht die Sorge um meinen jungen Gefährten gewesen, so hätte die Lage ihren besonderen Reiz für mich gehabt. Jetzt triumphierte dieser Reiz noch über meine Besorgnis und über das physische Unbehagen. Ich blieb bis tief in die Nacht hinein regungslos sitzen und freute mich an der großen Einsamkeit, dem absoluten Schweigen, der gänzlichen Stille dieses seltsamen weißen Landes. Alles um mich herum war Ruhe, war tiefster Frieden. Und noch immer höher und höher türmte der Schnee sich um uns auf.

Mein erster Blick am folgenden Morgen fiel auf Yongden. Er stand auf einem Bein, auf seinen Stab gelehnt, und stützte sich mit dem Rücken gegen die Felswand des Sa phug. Seine Haltung erinnerte an die chinesischen Statuen, die man manchmal in den Tao-Tempeln findet. Unter anderen Umständen hätte er wohl komisch ausgesehen, aber jetzt standen seine Augen voll Tränen.

»Ich kann nicht gehen«, sagte er verzweifelt. »Ich habe schon mehrere Versuche gemacht, kann aber auf dem Fuß nicht stehen.«

Der Knöchel war geschwollen, der Fuß stand nicht normal. Wir konnten unmöglich fort und verbrachten die nächsten Stunden mit Überlegungen. Ich dachte daran, Yongden mit dem Gepäck zurückzulassen und ihm das bißchen übriggebliebene Tsamba zu geben, während ich ein Dorf zu erreichen versuchte und dort um Hilfe bat. Aber Yongden bezweifelte sehr, daß sich jemand um uns arme Bettler kümmern würde. Und Geld zeigen oder Belohnung anbieten durften wir erst recht nicht, das wäre das allergefährlichste gewesen. Man würde uns ausplündern und dann unserem Schicksal überlassen. Möglich, daß Yongden zu schlecht von den Popas dachte, mein Plan hatte aber jedenfalls manches gegen sich.

Wir wußten nicht, wie weit es noch bis zu den Dörfern war und welche Wege dahin führen mochten. Vor zwei Tagen, als wir vom Aigni herunterkamen, hatten wir drei Pfade gesehen; jede Spur davon mußte aber jetzt unter tiefem Schnee verborgen liegen. Unser einziger Führer blieb der Fluß, und auf den war wenig Verlaß. Er führte sicher in bewohnte Gegenden, aber wußten wir denn, ob man ihm folgen konnte? Bergströme gehen oft durch enge Schluchten, während die Straßen sich hoch oben auf den Bergen halten müssen, so daß beide erst nach vielen Meilen wieder zusammentreffen.

Wenn ich nun den rechten Pfad verfehlte und wieder umkehren mußte? Der Weg konnte leicht mehrere Tage erfordern; ich konnte unterwegs ebensogut wie jetzt mein Gefährte einen Unfall erleiden oder Hungers sterben und nie mein Ziel erreichen.

Ich konnte es Yongden nicht verdenken, daß er die Lage düster beurteilte. Ich schauderte selbst bei dem Gedanken, den lahmen Freund in der Höhle alleinzulassen. Wie leicht konnten Wölfe, Bären, Schneeleoparden oder andere hungrige wilde Tiere ihn bei Nacht angreifen! Er konnte ja nicht einmal aufrecht stehen, um sich zu verteidigen.

Die Zeit verging über dem Plänemachen, aber einer nach dem anderen mußte wieder verworfen werden. Am Ende beschloß ich, soweit wie möglich dem Talverlauf zu folgen, um Dokpas zu suchen. Am Abend wollte ich zurück sein. Ich ging den ganzen Tag über, fand auch zwei verlassene Lager, allein nicht ein einziges Lebewesen. Ich dachte mit größtem Kummer an den Lama, der vor Kälte bebend in der Höhle zurückgeblieben war. Wieviel besser hätte er es in einer der leerstehenden Hütten gehabt, wo die Dokpas genug Brennmaterial zurückgelassen hatten, um sich am Feuer zu wärmen. Ich mußte ihm unbedingt etwas davon mitbringen. Aber wie sollte ich es tragen, ich hatte ja weder eine Tasche noch ein Stück Tuch bei mir, und der Dünger mußte schon dicht in Wolle eingewickelt werden, um ihn unterwegs gegen Nässe zu schützen. Da blieb mir nichts anderes übrig, als mein Oberkleid aus dicker tibetischer Serge auszuziehen, den Dünger einzupacken, die Last mit meinem Gürtel zusammenzubinden, und dann auf den Rücken damit und vorwärts!

Es schneite noch immer, und mein chinesisches Unterkleid war kein genügender Schutz. Nach einer halben Stunde fühlte ich mich wie in einem eisigen Bade. Die hereinbrechende Nacht fand mich noch weit von der Höhle entfernt. Verirren konnte ich mich eigentlich nicht, ich brauchte ja nur dem Fluß zu folgen, aber in der Dunkelheit verfehlte ich dann doch den Zugang zur Höhle. Ich wußte wirklich nicht, war ich das Tal zu weit hinaufgegangen, oder war ich noch unterhalb des Sa phug?

Ich wollte gerade nach dem Lama rufen, als ich etwas weiter oben ein Licht entdeckte. Das war gewiß Yongden, der, um mir ein Zeichen zu geben, das Wachslicht angezündet hatte, das sich in unserem Gepäck befand. Und so war es auch.

»Ich bin vor Angst halb gestorben«, sagte er mir, als ich glücklich wieder bei ihm war. »Ich vermutete schon das Ärgste, als es Abend wurde und du nicht zurückkamst.«

Wir lebten wieder auf, als das Feuer brannte und wir den Napf Tee mit einer Handvoll Tsamba darin vor uns hatten, wenn sich unsere elende Lage auch noch verschlechtert hatte; denn unser ganzer Vorrat bestand jetzt nur noch aus drei oder vier Löffeln Tsamba und ein paar Teekrümeln. Wir ahnten weder, wie weit es bis zu den Dörfern sein mochte, noch welchen Pfad wir einschlagen mußten, und der arme Yongden konnte immer noch nicht gehen.

»Mach dir nicht soviel Sorgen um mich, Jetsuma«, sagte der Lama, als ich mich am Feuer trocknete. »Wir fürchten doch beide den Tod nicht. Ich habe meinen Fuß den ganzen Tag lang massiert und will jetzt heiße Umschläge darauflegen. Dann kann ich vielleicht morgen wieder gehen. Und wenn nicht, mußt du an deine eigene Rettung denken und fortgehen. Du mußt nicht zuviel Mitleid mit mir haben; nichts passiert ohne Grund. Diesen Unfall verdanke ich nur meinen Taten, die ich in meinem früheren Leben begangen habe. Weder die Götter noch meine Mitmenschen sind dafür verantwortlich, und alles Klagen ist nutzlos. Laß uns nun schlafen gehen ...«

Und wirklich, wir schliefen auch beide fest ein, während es unaufhörlich weiterschneite.

Am nächsten Tag konnte Yongden wieder stehen! Ich schnallte unsere Sachen zusammen und lud mir die ganz Last auf; dann half ich ihm wieder beim Gehen wie nach dem Unfall auf dem Weg zur Höhle. Wir krochen freilich wie die Schnecken. Als wir bei den bewaldeten Bergen waren, schlug ich einen Ast ab, an dessen oberem Ende ich ein mit den leeren Vorratsbeuteln umwickeltes kurzes Holzstück befestigte. Mit der so improvisierten rohen Krücke konnte sich Yongden allein weiterhelfen.

Als ich gestern auf Erkundung gewesen war, hatte ich die Fortsetzung des Tales dermaßen verengt gefunden, daß ich fürchtete, wir könnten dem Fluß nicht länger folgen. Ich hatte mehr Zutrauen zu einem Bergpfad, den ich bei unserem Abstieg vom Aigni-Paß gesehen hatte und der sich durch den Wald bergan schlängelte.

Er zweigte kurz vor dem Weideland ab und führte auf der Höhe wahrscheinlich in derselben Richtung weiter wie hier unten der Fluß. Vermutlich hatte man ihn oberhalb angelegt, weil das Tal keinen Durchgang bot.

So wateten wir eine lange Strecke bis zu den Knien im Schnee, bis wir den Pfad erreichten, der sich als eine scharfe Linie zwischen den Bäumen abzeichnete. In diesem Augenblick klärte es sich auf, und wäre das Weiterkommen in dem tiefen Schnee nicht so mühsam gewesen, und hätte ich nicht gesehen, wie Yongden sich abquälte, wäre der Weg geradezu ein Genuß gewesen. Die schöne alpine Landschaft, die uns umgab, hatte gewiß große Reize. Leider fühlte ich mich aber fast ebenso unbehaglich wie mein Freund. Ich hatte ein Loch in meinem Schuh, durch das meine rechte große Zehe sich einen Weg bahnte. Der lange Marsch hatte aus dem kleinen Loch einen klaffenden Spalt gemacht, der sich wie das Maul einer sonderbaren Bestie bei jedem Schritt öffnete und wieder schloß. Mein Bein endete sozusagen in einem schneefressenden Tier. Mit dem linken Fuß stand es auch nicht viel besser; bei ihm hatte die Stiefelsohle sich an der einen Seite fast ganz abgelöst. Frischer

Schnee ist den Füßen besonders gefährlich, da er brennt und sie wund macht. Die tibetischen Gebirgsbewohner haben sonst ein dickes Fell, aber vor direkter Berührung mit dem Schnee nehmen sie sich sehr in acht.

Es wurde spät, und wir hatten alle Hoffnung aufgegeben, noch heute in ein Dorf zu kommen. Nirgends sah man Spuren von Anbau oder von Vieh, und von einem Obdach war auch nichts zu entdecken. Wir hatten uns ganz umsonst nach den Sommerhütten der Dokpas umgesehen, von denen uns unser Begleiter zum Aigni-Paß erzählt hatte, daß sie an dem Weg zu den bewohnten Tälern lägen. Sie waren auch in dem tiefen Schnee gewiß nicht leicht zu entdecken gewesen. Oder sollten wir etwa den Weg verfehlt haben? Die wenigen Worte, die wir miteinander wechselten, drehten sich um diese Frage. Von unseren beiderseitigen Schmerzen sprachen wir gar nicht mehr. Wir wußten genau, jeder tat, was in seiner Macht stand; keiner konnte dem anderen helfen, da war alles Reden unnütz. Später erwähnten wir auch die Frage der Hütten und des Verirrens mit keiner Silbe mehr; es machte nur müde und half nichts.

Die Nacht kam heran, und wieder schneite es. Der Himmel war pechschwarz, und nur von dem weißen Boden und den verschneiten Bäumen selbst schien ein unsicheres, trübes Licht auszugehen, das mich an den Hades erinnerte. Weiß wie die Schneemänner und halb in Trance hinkten wir schweigend weiter. In der phantastischen Umgebung müssen wir zwei Gespenstern geglichen haben, die auf Befehl eines tibetischen Hexenmeisters umherspukten. Dann wieder verglich ich uns mit zwei verirrten und verwirrten Weihnachtsmännern ...

Wie kam ich denn plötzlich auf den Weihnachtsmann? Natürlich, es war ja Dezember. Aber ich war mir nicht klar darüber, wie sich die Daten des gregorianischen und des chinesisch-tibetischen Kalenders, den ich seit Jahren gebraucht hatte, zueinander verhielten. Sobald ich daran kommen konnte, wollte ich doch den chinesischen Doppelkalender in meiner Tasche befragen.

Yongden blieb allmählich zurück, und ich schleppte mich mechanisch weiter. Dörfer, Hütten, Obdach irgendwelcher Art, nichts schien erreichbar, und das Lagern im tiefen Schnee war unmöglich. Also, was tun?

Ein plötzlicher Stoß, und ich fuhr aus meiner Betäubung auf. Ich hatte mich an etwas Hartem gestoßen. Ich schaute nach, es waren die Spitzen eines Zaunes. Und ein Zaun bedeutete soviel, wie das Sommerlager von Dokpas. Wir waren auf dem rechten Wege, und hier war auch eine Schlafstätte für uns!

Ich konnte es kaum glauben. Ich legte meine Hand auf das Holz und ließ sie daran entlanggleiten, als fürchtete ich, Zaun und Hütten könnten mir wieder entschlüpfen. Ich kam an das Tor der Einzäunung und unterschied nun so etwas wie eine große viereckige Hütte und mehrere kleine.

Ich schrie dem Lama die gute Kunde zu.

Ohne auf ihn zu warten, betrat ich das Lager. Neben dem Raum für die Menschen war ein Schuppen für die Pferde. Ich legte meine Last ab und fing gleich an, den vor der Tür hoch aufgetürmten Schnee fortzuschaffen. Yongden fand mich schon bei der Arbeit. Wir entdeckten zum Glück unter dem Vordach eine ansehnliche Menge Brennholz und trockenen Kuhdünger. Zuerst zündeten wir hier ein Feuer an, denn der Raum war so dunkel, daß wir nicht sehen konnten, wo der Herd stand. Kaum gaben die brennenden Zweige etwas Licht, trugen wir sie in die Hütte hinüber. Sie war ziemlich groß, hatte einen Herd, und zu seinen beiden Seiten lagen Bretter am Boden, auf denen man sitzen und liegen konnte. Schließlich steckt doch auch in dem größten Asketen noch etwas verborgenes Epikureertum; das fühlte ich wollüstig in mir aufleben, als sich nach den bösen im Sa phug verbrachten Nächten die Wärme in dem geschlossenen Raum verbreitete.

Vor dem Schlafengehen schütteten wir in unser heißes Trinkwasser ein wenig Tsamba; den Rest sparten wir für das morgige Frühstück auf, und Yongden machte einen heißen Umschlag für seinen Fuß. Ich blickte in meinen Kalender; es war der 22. Dezember.

ELLA MAILLART

Vom Klassenzimmer aufs weite Meer

Die Freude an körperlicher Arbeit – sie verwandelt das bleierne Stadtleben in seltsamen Taumel, von Stadtmenschen nie gekannt und nie geahnt; Gesundheit, die dem geistigen Vermögen neuen Glanz verleiht und den Armen reich macht.
MASEFIELD

Die grauen, regenschweren Wolken hängen tief. Unter ihren lohfarbenen Segeln gleitet die Barge schnell dahin. Die blaßgrüne See wird dort, wo sie die buckligen Rücken der Sandbänke umspült, zu einer brodelnden Masse aus weißem Schaum.

Die *Volunteer* läßt sich nicht leicht steuern. Sie bockt: Ganz plötzlich beschließt sie, daß sich ihr Steuerrad zweimal drehen soll, und zwar in einer Geschwindigkeit, daß man sich den Arm brechen würde, wollte man versuchen, es anzuhalten. Es bleibt nichts anderes übrig als zu raten, wann sie es tun will, und diese Bewegung dann im Keim zu ersticken. Ich glaube, es passiert dann, wenn wir bei der Fahrt in ein Wellental hinab zu schnell werden. Jetzt kann ich auch ohne die Hilfe der Maschine den Warp Channel »in Angriff nehmen« und über Backbordbug aufkreuzen.

Das ist Segeln! Ich lebe in der Welt der kreischenden Möwen, einer Welt, in der einzig und allein Wind und Wasser regieren, einer Welt, in der ich nur den Himmel über mir habe. Begleitet vom lauten Aufklatschen der Wellen, stampfen wir dahin. Aufgrund ihres flachen Bodens krängt die *Volunteer* nicht so stark wie die Boote, an die ich gewöhnt bin. Das Toppsegel ist oben, und das beunruhigt mich. Obwohl man mir gesagt hat, daß Bargen ihr Toppsegel auch dann noch tragen, wenn alle anderen Segel aufgegeit sind, und daß das Toppsegel als erstes gesetzt wird ... gerade jetzt ist mir eine so großflächige Leinwand hoch oben nicht recht.

Jetzt, da die Maschine gestoppt wurde, kann ich die Barge nicht nur dahinfahren sehen, sondern auch hören. Allmählich lerne ich sie kennen; ich versuche herauszufinden, wieviel Ruder sie braucht. Sie bleibt ziemlich genau auf dem jetzigen Kurs. Welche Freude ist es doch, zum ersten Mal zu spüren, wie ein 120-Tonnen-Schiff unter den Händen lebt, wenn man bisher nur kleinere Schiffe gesteuert hat.

Wir passieren eine beladene Barge, die in die andere Richtung fährt. Ihr in Ölzeug gekleideter Skipper winkt mir mit weit ausholenden Gesten zu. Ich grüße lässig zurück, als wäre ich immer schon Bargen begegnet, obwohl ich eigentlich vor lauter Aufregung am liebsten wie ein Indianer rufen und tanzen wurde.

Der Skipper kann nicht wissen, wie glücklich und stolz ich bin, wieder zu den Seeleuten zu gehören, und wie schwer es gewesen ist, mir diesen Wunsch zu erfüllen. Oder will ich vielleicht tanzen, weil es so kalt ist? Ich friere, ganz ohne Zweifel. Aber ich würde um nichts in der Welt das Steuerrad jetzt verlassen wollen; denn Dooley würde es übernehmen und Schlimmes damit anstellen ... Ich glaube, ich habe Angst. Das ist es. Ich muß mich dieser Angst nicht schämen ... Wir haben zuviel Leinwand gesetzt, soviel weiß ich. Der Druck ist zu groß, an jeder Stelle des Rumpfes und der Takelage. Und die pfeifende Brise aus Osten nimmt zu.

Dooley ist mit dem Pumpen fertig. Ich deute auf die Saling, die sich aufgrund der angespannten Wanten durchbiegt. »Sie ist zu luvgierig!« rufe ich ihm zu. Er antwortet: »Das ist in Ordnung, sie hält eine Menge aus, sie ist ja keine Yacht.« Dennoch glaube ich, daß irgend etwas nachgeben muß.

Unser Eigner ist wieder aufgetaucht. Er sagt, wir müssen in der Themsemündung Schutz suchen, obwohl er es genießt, wie wir durch die Wellen voranschießen. Sobald wir an der East Shoeburyness vorbei sind, können wir auffieren, und ich werde ruhiger.

Diese naßgraue Welt ist mir neu. Der Himmel ist wahrscheinlich genauso groß wie über dem Mittelmeer, aber das diffuse Licht ist anders, die Wolken hängen tiefer, der Jodgeruch ist voller Feuchtigkeit ... Auch dieses Gefühl der Untiefe bin ich nicht gewohnt, diese Notwendigkeit, so oft auf die Karte schauen zu müssen. Es ist aufregend, ein Meer zu befahren, das mit so vielen Bojen, Feuerschiffen und Wracks gespickt ist!

Unwirtliche, gelbe Sandbänke besitzen ihre eigene, stille Erhabenheit, vergleichbar der Trostlosigkeit einer Wüste. Zum ersten Mal kann ich der Geschichte der *Dulcibella* einen angemessenen Hintergrund geben. In diesem Buch hatte ich das Leben eines kleinen Bootes auf See kennen und lieben gelernt.

Auf dem Küstenstreifen erblicke ich nicht ohne ein Gefühl der Belustigung die Häuser und die Pier von Southend. Dort war ich schon einmal. Vor zwei Monaten, als ich noch in einer Mädchenschule unterrichtete, sehnte ich mich nach dem Anblick eines Bootes. Ich beschloß, für ein Wochenende an die See zu fahren. Southend lag ganz in der Nähe und war daher nicht teuer. Ich fand eine ebenso preiswerte wie deprimierende Pension, deren Bewohner sich schon vor langer Zeit alles gesagt hatten. Ich verbrachte meine Zeit so nah wie möglich am Wasser, in einer geschützten Ecke der verlassenen Pier, an deren mit Seepocken übersäten Holzpfählen sich das Wasser hob und senkte ... Einmal brachte eine Pinasse von dem Kriegsschiff *Tiger* viele Männer an Land, die lärmten und scherzten. Ich beneidete sie, weil sie auf See lebten.

Heute beneide ich niemanden. Ich stehe am Steuerrad eines Segelbootes. Und mein steifgefrorenes Gesicht, das unter den Salzspritzern der Gischt brennt, blickt lächelnd auf die Pier, an der eine Französischlehrerin sich vor langer Zeit selbst bemitleidet hat ...

Das Leben war lebenswert – ich war wieder auf einem Schiff, obwohl es immer noch auflag. Wieder einmal spürte ich, daß es meine Bestimmung war, mit Schiffen umzugehen.

Meine Lehrertätigkeit gehörte inzwischen einer Vergangenheit an, die von Tag zu Tag unwirklicher und unglaublicher wurde. Belegt wurde sie einzig und allein durch ein Zeugnis, in dem zu lesen war, daß »ich an meiner Arbeit und meinen Schülern gleichermaßen interessiert« und bestrebt gewesen sei, ihre Leistungen zu verbessern, was mir »sowohl in Grammatik als auch in Konversation« gelungen sei.

In London hatte ich ein paar Tage verbummelt – frei von allen Verpflichtungen. Es war eine unangenehme Zeit, in der ich glücklich und einsam zugleich war. Ich lebte dem Zufall, wie so viele andere. Der Schlangenwärter im Zoo war der einzige, mit dem ich mich unterhielt, während er seine Schützlinge fütterte.

In Brightlingsea war alles neu für mich, obwohl mir diese Umgebung an sich vertraut war: das trübe Licht, das die geduckten Häuser in den stillen Straßen in einheitliches Grau tauchte, der Nebel, der über dem Hauptkanal des Colne hing, der Wald von Masten und Riggs in der Aldous-Werft.

Was uns betrifft – die *Volunteer*, Kapitän Dooley und mich –, wir standen alle drei auf dem Trockenen und gaben eine kuriose Versammlung ab. Die Barge hatte, wie alle Schiffe dieser Art, einen flachen Boden, und mit ihren beiden riesigen Seitenschwertern, die wie müde Flossen auf dem Schlick auflagen, sah sie aus wie ein schlafender See-Elefant. Ihr Heck endete abrupt mit einem Spiegel, an dem das größte rechteckige Ruder eingehakt war, das ich je gesehen hatte. Sie war schwarz, und als ich sie zum ersten Mal sah, war ich den Tränen nahe, so sehr unterschied sie sich von der weißen Yacht meiner Träume. Das aufgelegte Gut an Deck und unter Deck bot ein Bild, das die Herzen aller Seeleute höher schlagen läßt. Verglichen mit der 7,20 Meter langen Slup, auf der ich im Mittelmeer gefahren war, konnte man sie für eine Art Linienschiff halten. Es hieß, sie sei nach über siebzig Jahren eines harten Lebens auf See leck wie ein Sieb, und der rundliche Mr. Stone, dem dieser Liegeplatz gehörte, sagte mir, ich sei verrückt, wenn ich auf ihr fahren wolle. Gesteuert wurde sie durch ein Rad, eine Einrichtung, mit der ich noch nie zu tun gehabt hatte. Wenn ich mir ihre Ausmaße ansah, war mir klar, daß sie auf See schwer zu handhaben sein würde. Also wollte ich sie gut kennenlernen. Ich beschloß, niemals offen auszusprechen, welchen Eindruck ich ganz zu Anfang von ihr hatte, und mir die größte Mühe zu geben, daß sie mich akzeptierte und mir mein Eindringen nicht verübelte. Wir würden schon miteinander auskommen, dachte ich.

Mit Dooley war es etwas anderes. Würde er jemals eine Frau in seiner Mannschaft dulden, und würde ich meinen Sonderstatus bei seinen Männern und bei den Gästen beibehalten können? Der Colonel hatte gesagt, es sei allein meine Sache, wie ich mit den Schwierigkeiten fertig würde. Er wollte in einer Woche zurückkommen, um zu sehen, wie die Ausrüstung vorangekommen war.

Am ersten Abend erzählte ich Dooley, ich säße finanziell auf dem trockenen und müsse Geld verdienen. Da ich furchtbar gern segelte, sei es sehr gut für mich, wenn ich auf der *Volunteer* arbeiten könnte. Ich berichtete auch über meine letzte Kreuzfahrt im Mittelmeer allein mit einer anderen Frau. Dann fragte ich ihn, was er von folgender Idee halte: gegenüber der Crew und neugierigen Außenstehenden würden wir die Version vertreten, ich sei wild auf Yachten und wolle alles darüber wissen. Die beste Möglichkeit, dies zu erreichen, sei nun einmal, auf einer Yacht zu arbeiten und nicht als Passagier an Deck zu sitzen ...

Nachdem dies alles gesagt war, was ich mir sorgfältig zurechtgelegt hatte, lehnte ich mich auf meiner Bank in der Kombüse zurück und blickte Dooley an. Er war schon etwas älter und hatte junge, manchmal glänzende blaue Augen, einen wild wachsenden, braunen Bart, in dem ein Lächeln lauerte, das seine Mundwinkel nach oben schob. Natürlich trug er einen blauen Sergeanzug. Er war Ire und ein ehemaliger Unteroffizier der Royal Navy, der sich vom Unterdeck hochgedient hatte.

Lange ließ er seine Augen auf mir ruhen, und als mir gerade unbehaglich zumute werden wollte, murmelte er:

»Da müssen Sie sich keine Sorgen machen. Gott hat Sie hierher geschickt. Zumindest hat er meine Gebete erhört. Ich habe drei Monate allein in diesem alten Rumpf verbracht, ohne mich mit jemandem unterhalten zu können, und das war mehr, als ich ertragen konnte. Jetzt, wo Sie hier sind, ist alles in Ordnung. Sie erinnern mich stark an meine jüngste Tochter, und ich werde Ihnen helfen«, fügte er hinzu.

Mir hätte nichts Besseres passieren können, und ich war überglücklich. An Deck war es dunkel; heftige Windstöße trieben den Regen in Schwaden auf das mit Leinen bedeckte Dach. Dooley schraubte die Leeseite des Oberlichtes herunter. Ich spießte ein Stück Brot auf eine Gabel und begann, es mir vor den glühenden Kohlen des Kochherdes zu rösten. An Wintertagen war die Kombüse der wärmste Ort auf der Barge; Spülbecken, Schränke und Back befanden sich auf Backbordseite; neben der Tür zur Vorpiek stand der Kochherd. An Steuerbordseite hatte man eine Bank an zwei Kojen gebaut. An dem Schott, das uns vom Waschraum trennte, war oben ein Regal befestigt. Trotz der ungewöhnlichen Lage der Barge – hoch und trocken auf dem Land – fühlte ich mich wieder auf einem Schiff zu Hause.

Dooley bestand darauf, mir seine Einzelkabine abzutreten, und am ersten Morgen an Bord wurde ich durch ein Klopfen geweckt. Bevor mir zu Bewußtsein kam, wo ich war, glitt die Schiebetür zurück, und der Kapitän stellte eine Tasse Tee auf das Regal des Kabinenjungen. Trotz meiner Verlegenheit mußte ich lachen! Es sah nicht so aus, als stünden mir an Bord der merkwürdigen *Volunteer* schlechte Zeiten bevor!

Der Zimmermann der Werft hobelte und hämmerte bereits in der im hinteren Teil des Schiffes gelegenen Doppelkabine, so daß ich schleunigst aufstand und meine Jacke und Arbeitskleidung überzog.

Wir stellten eine Liste all der Dinge zusammen, die unter Deck, auf Deck oder in der Takelage erledigt werden mußten. Ich arbeitete morgens vier und nachmittags drei Stunden. Zum Mittagessen ging ich ins Hotel Anchor, das sich in der Nähe unseres Liegeplatzes befand; aber die Atmosphäre dort war trostlos, vor allem, wenn ich das Hotel mit einem ruhigen Landgasthof in der Schweiz verglich. Ich beschloß, weniger Wert auf Stil zu legen und in Zukunft mit Dooley zu essen, der von Suppe und Irish Stew lebte.

Das Leben in einer Werft macht Spaß. Man verrichtet nützliche Arbeit, die gewisse Fertigkeiten erfordert. Nach des Tages Mühen hat man etwas vorzuweisen, das man sich gern anschaut. Während die Hände beschäftigt sind, lebt der Geist in Vorfreude, denn man weiß, daß man sich auf etwas Aufregendes vorbereitet – auf das Leben an Bord eines Schiffes auf hoher See. Die Arbeit ist nie so anspruchsvoll, daß man seinen Gedanken nicht nachhängen könnte. Die Tätigkeit beansprucht die Muskeln, so daß man abends rechtschaffen müde ist. Man freut sich, wenn man mit Werkzeugen so umgehen kann, wie es in jahrhundertelanger Praxis zur Gewohnheit wurde. Dann wächst das Verständnis für Handwerker, das viel tiefer geht als bloße Sympathie, und es entsteht ein Gefühl tiefer Verbundenheit mit ihnen.

Ob groß oder klein, jedes Boot benötigt die gleiche Behandlung. Die Oberlichter müssen wasserdicht gemacht werden, indem man die Sülls kalfatert und mit Spachtelkitt abdichtet; Deck und Rumpf müssen gestrichen werden; die Wanten brauchen neue Webeleinen – sie kleben und riechen herrlich nach Teer, wenn man die Tampen mit Bändseln betakelt. Ich saß in dem Bootsmannsstuhl und säuberte und lackierte den gedrungenen Mast, der überall lange Kratzer aufwies ... Von meinem hohen Sitz aus konnte ich den Hauptkanal überblicken, auf dem sich kleinere Boote im Rhythmus der Gezeiten hoben und senkten, und ich hatte einen freien Blick hinüber zu dem flachen Landstück, das uns vom Meer trennte ...

Taktvoll erkundigte sich Dooley immer nach meinen Fortschritten. Ja, ich wußte, wie man ein stumpfes Schabeisen schärfte und wie man ein Tau mit Takelgarn bekleidet. Ebenso konnte ich auf das Schott zum Waschraum unseren dicken, weißen Lack auftragen, und ich war es gewohnt, ein lose hängendes Haar mit der Bürste zu entfernen.

Aber ich mußte mir ansehen, wie der Toppmast richtig gesetzt wird, und ich prägte mir alle Besonderheiten einer Barge ein. Neben dem Mast war die Spriet unsere größte Spiere. Sie stützt das Großsegel auf die gleiche Weise wie die Gaffel auf einer Slup; aber anders als eine Gaffel beginnt die Spriet unten am Fuß des Mastes. Sie wird durch Drahtbrassen gehalten, die von den Bargenfahrern Geer genannt werden. Neben dem Steuerrad läuft die Großschot, deren Block fast so groß ist wie mein Kopf, durch einen Großschotwagen, der wiederum auf der Leitschiene gleitet, einem querschiffs angebrachten Rundbaum.

Nach zwei bis drei Tagen an Bord hatte ich das Gefühl, daß die Barge und der Kapitän mich akzeptiert hatten; ich war mir dessen ganz sicher, als sie ihre Bäume oder ihre Unterzüge nicht mehr meinem Kopf buchstäblich in den Weg stellte, und als sie meine Zehen nicht länger mit ihren zahlreichen Klampen, Lotleinen oder Pollern festhielt. Ich lief im Dunkeln auf ihr herum und war inzwischen so vertraut mit ihr, daß ich sie getrost als »alten Kahn« bezeichnen konnte, und nicht fürchten mußte, sie mir zum Feind zu machen, wenn ich ihr verrottetes Kielschwein sorgfältig untersuchte. Wir beschlossen, ihr Leiden mit Pech zu behandeln.

An dem Tag, als der Colonel uns aufsuchte, kündeten laute Rufe seine Ankunft an. Sobald er aus dem Schuppen trat, hörten wir: »He, hallo! Volunteer ahoi!« Dann setzte er sich auf das Dach seiner Bargenyacht, ließ sich vom Wind zerzausen, legte eine Hand hinter das Ohr und lauschte Dooleys Bericht. Er kam nach achtern, wobei er die blaue Farbe des Decks mit seinen schlurfenden Absätzen verkratzte, während ich fortfuhr, die Fangleine des Beibootes zu spleißen.

»Wie kommen Sie zurecht?« begrüßte er mich. »Der Kapitän hat mir berichtet, er habe noch nie jemanden so schwer arbeiten sehen.« – »Ja, Sir, das habe ich gerade gestern noch zum alten Stone gesagt. Er gab mir den Rat, doch mit dem Abschaben der Riemen aufzuhören, denn es sei schon spät ... Ich sagte ihm, daß ich zu meinem Vergnügen arbeite, nicht wegen der Bezahlung.« – »Aha, sieh an, brav, brav ... gut reagiert! Ein Freiwilliger ist so viel wert wie zehn Männer unter Zwang!«

Mit diesen Worten ging er zu einer Dame zurück, die neben der

Gangway wartete. Es war Mrs. Shawe-Taylor, kein zahlender Gast, sondern eine Bekannte des Colonels, die mit uns segeln würde. Sie war groß und recht nett und hieß Amy. Ganz offensichtlich konnte sie nicht viel mit mir anfangen. Die beiden gingen bald wieder, um ihren Zug noch zu erreichen.

Ich merkte, daß ich froh war, von einem Tag auf den anderen zu leben – ich beneidete niemanden und nichts. Gesundheitlich ging es mir besser – obwohl ich nicht in den Süden gefahren war, wie der Arzt es mir geraten hatte. Außerdem verdiente ich Geld, während ich zugleich mehr über Schiffe lernte.

An den ruhigen Abenden erzählte mir Dooley manchmal etwas über ferne Orte oder alte Schiffe, auf denen er gefahren war. Im Hafen von Sydney hatte er kleine offene Boote gesehen, die in höchst beachtlichen Regatten gegeneinander kämpften. Sie hatten so viel Segelfläche, daß die Mannschaften sich als lebendes Gegengewicht über die Luvseite lehnten, und wenn sie kenterten, machten sich die Männer anscheinend keine Gedanken darüber, daß dort überall Haie waren. Oder er brachte mich mit Geschichten aus Irland zum Lachen, in denen es um geschmuggelten Whisky ging. Begierig lauschte ich dem Klang seiner Worte, der mir neu war.

Zerstreuung fand ich vor allem an Land: durch Boote und Männer. Boote gab es reichlich. Alle waren sehr interessant (außer den gestaltlosen Motoryachten). Gleich neben uns lag die Vera mit einem geraden Vorsteven aus Teak, hart wie Stahl, sowie die elegante, kupferbeschlagene Palatina. Gern betrachtete ich die verschiedenen Schiffsrümpfe, um den Punkt zu finden, in dem ihre Linien sozusagen zusammenschmolzen und somit ein harmonisches Ganzes bildeten; und von diesem Punkt aus betrachtet erinnerten mich Schiffsrümpfe manchmal an die Umrisse eines Fisches; die Vera glich einem kräftigen Thunfisch. Mit Vorliebe schlenderte ich in der Aldous-Werft umher und hielt nach meinem Traumschiff Ausschau. Ich machte mir Notizen über besondere Vorrichtungen in Takelagen, über Möglichkeiten, klobige Anker unterzubringen. Ich kroch an Bord dieser schlafenden Schiffe und berührte ihre glatten Decks mit meinen Händen. Ich fand heraus, wie ich mit einem Trick ein Oberlicht öffnen konnte, durch das ich hinunter auf die Back sprang. Dann untersuchte ich die stillen Kabinen wie ein Pirat, der die gesammelten Erfahrungen anderer stiehlt, die diese bereits in eine Form gebracht haben. Raumsparende Einrichtungen, Komfort, Seemannschaft – jede gute Idee wollte ich für den Tag aufheben, an dem ich sie in unserem eigenen Boot anwenden konnte. Es ist nicht das Meer, das wir lieben lernen, sondern es sind die Boote, dachte ich. Sie sind es, die den bewegten Wassern eine Bedeutung verleihen. Das Meer schaut man gern in seinen unterschiedlichen Launen an. Man kann es beschreiben, malen, fotografieren – man kann einsam am Strand mit ihm spielen, man kann hineingehen, sogar darin schwimmen. Dennoch finden all diese Zeitvertreibe bald ein Ende. Aber man gebe mir einen schwimmenden Untersatz, und der Spaß beginnt – Spaß, der vielleicht einen Tag, ein Jahr oder ein Leben lang anhält. Diese vielen verschiedenartigen Schiffe, die hier in der Werft auflagen und von denen jedes ein kleines Heim für sich war, stellten die unterschiedlichsten Lösungen desselben Problems dar: wie verwandelt man einen leeren Schiffsrumpf in Kabinen? Fast alle konnten bis ans andere Ende der Welt segeln. Wie aufregend, wenn man bedachte, was sie alles erzählen könnten!

Ich weiß noch, wie erregend es für mich war, als ich das Innere eines Brixham-Trawlers erforschte, dessen Name, glaube ich, Marie Marguerita war. Er gehörte Arnold Bennett; es war ein starkes Schiff und unter Deck so wundervoll ausgestattet ... genau die Yacht, die mich in den Südpazifik bringen könnte! Ich träumte, daß ich mit diesem Schiff jene wunderschönen Inseln entdecken würde, auf denen die Menschheit kein heilloses Durcheinander angerichtet hatte.

Meine zweite Zerstreuungsmöglichkeit boten mir, wie schon erwähnt, die Männer; davon gab es nur wenige. Einige Deckshände verließen nie die Schiffsrümpfe, die sie ausstatteten: Sie gehörten zu ihrer kleinen, überschaubaren Welt. Man könnte sie mit einer Art menschlichem Schalentier vergleichen. Wenn ich ihnen bei der Arbeit zuschaute, lernte ich immer etwas.

Der Ladenbesitzer inmitten seiner dunklen, toten Welt war amüsant. Jeder Gegenstand seines Inventars erwachte erst dann zum Leben, wenn ein Skipper hereinschneite, ihn mitnahm und einsetzte. Dann endlich würde der Lack auf dem Baum glänzen, würde das Sämischleder die Schiebeluke umschmeicheln, wurde der Schrubber das Deck säubern, aus dem Ende ein Fall werden, mit dem man die Klau hißt, würden die Fender zwischen Rumpf und Kai knirschen, die Blockscheiben rollen und kreischen, der Stander oben am Mast flattern, würde die kardanisch aufgehängte Lampe hin- und herpendeln, die Kompaßnadel sich langsam in ihrem Kompaßhaus bewegen, würde sich der Stropp an der Gaffel spannen, die Pütz ins Wasser fallen und die Ankerkette aus der Klüse schießen.

Den größten Teil meiner freien Zeit verbrachte ich in der Schmiede. Den ganzen Tag über hörte ich auf der Volunteer das klingende Geräusch des Ambosses, und an Ort und Stelle konnte ich sehen, wie der Hammer nach jedem Niedersausen ein bißchen zurücksprang. Die Wärme des Kohlenfeuers tat gut bei dem feuchten Wetter. Und natürlich war da Jones – und es war eine Freude, ihm bei der Arbeit zuzusehen. Er war ein hochgewachsener, schlaksiger Kerl, so geschmeidig, daß man denken konnte, er hätte keine Kraft, bis er dann den großen Hammer schwang. Er hatte eine schwarzglänzende Lederschürze um seine dünnen Rippen gebunden. In seinem schmalen Gesicht, das einem Bild von El Greco entsprungen sein könnte, war nur das Weiß seiner Augen nicht vom Kohlenstaub geschwärzt. Mühelos bearbeitete er ein so schweres Eisenstück wie einen Stagkragen; mit Hilfe seiner langen Zange hielt er den glühenden Ring quer über den Amboß, während er das weiche Metall mit leichten rhythmischen Hammerschlägen formte. Wenn dann das heiße Eisen in einem Wasserfaß zischte, sahen wir uns an. Vielleicht mochte ich nicht so sehr ihn als vielmehr die Fertigkeit, mit der er arbeitete. Genausogern sehe ich zu, wenn ein Schiffszimmermann einen neuen Rudersteven befestigt oder den Kiel einer Yacht verbolzt. Jones war ein schweigsamer Mann, aber seine Augen sagten mir, daß er meine Gesellschaft mochte. Und ich war froh, wenn wir in der Schmiede etwas zu erledigen hatten. Ich bediente das Pedal des Blasebalgs, und Jones zeigte mir, wie man den Hammer schwang; eines Tages arbeitete ich sogar an unserem Ankerschäkel. Jones und sein Gehilfe waren sehr freundlich, sie lachten mich nicht aus, und ich war stolz auf meine neue Tätigkeit. Wenn ich ging, sagte er jedesmal: »Sie kommen doch bald wieder?«

Ich dachte, vielleicht sollte ich nicht so oft in die Schmiede gehen. Dann kam der Tag, an dem ich ihm mitteilte: »Morgen laufen wir aus«. In seiner stockenden, schleppenden Art hielt er eine ungewöhnlich lange Rede: »... Schade, daß ich nicht allein bin. Wir hätten ganz gut zueinander gepaßt ... Na ja, ich denke, wir waren allemal gute Kumpel ...«

Zum letzten Mal sah ich ihn zwei Jahre später, an Bord der *Vera* in Cowes; ich war nur ein alberner Gast, und er war ein schicker Maat in weißen Flanellhosen. Schüchtern lächelten wir uns an, gaben uns die Hand, erröteten ... und gingen auseinander.

Was den alten Stone, unseren Liegeplatzbesitzer, anbelangt, so setzte er alles daran, mich zum Reden zu bringen. Meistens hatte es den Anschein, als sei ich eine bezahlte Hand, andererseits hatte der Colonel mich in seinem Beisein einmal als Kabinenjunge bezeichnet. Dann wiederum lag ich einen ganzen Sonnentag lang an Deck und las ein Buch, und Dooley trieb mich nicht an die Arbeit. Außerdem kannte ich in Genf den Sohn seines langjährigen Kunden Pourtales-Marcet, dem er erstklassige Masten geschickt hatte. Ich hatte Stone erzählt, daß ich meine Yacht immer auf den Slip bei Port-Marcet zog, weil er nur dreihundert Meter hinter dem Creux de Genthod lag, wo ich am Seeufer zu Hause war. Aus diesen Angaben mußte Stone geschlossen haben, ich sei wohlhabend. Auf der anderen Seite nahm ich aber in der Kombüse meine Mahlzeiten ein, zusammen mit dem Kapitän und Revell, dem alten Steward, der sich uns angeschlossen hatte ...

Eines Tages war Stone ungewöhnlich nett zu mir. Noch am selben Tag sprach mich ganz unerwartet nicht nur die Deckshand der benachbarten *Vera* an, sondern sogar ihr Eigner, der mich zum

Abendessen einlud ... Etwas hatte sich geändert, aber was? Ich war dieselbe geblieben – abgebrochene Fingernägel, ungekämmtes Haar, nach Terpentin duftend, mit dem ich die Mennigereste von meinen Händen entfernt hatte.

Dooley kannte die Antwort auf meine Frage. Um Stones lästige Fragen loszuwerden, hatte er meine Freunde Ralph Stock und Alain Gerbault erwähnt und hinzugefügt, daß ich genau wie sie auch Schriftstellerin sei. Ob das der Grund für ihre veränderte Haltung war? Warum sollten sie plötzlich freundlich sein? Nur weil sie dachten, daß ich Bücher schreibe? Was machte es schon aus, wer meine Freunde waren? Wurde ich durch sie ein anderer Mensch? Das war nur ein kleines Beispiel für den Einfluß des Snobismus in der Welt, ohne den nur wenig erreicht werden kann: den Leuten geht es nicht darum, wer man ist, sondern um die einflußreichen Freunde, die man hat.

Natürlich war die ganze Geschichte eine Farce, und Dooley, mit einem Lächeln in den Augen, wußte es; aber es war ein guter Scherz, um Stone loszuwerden. Ausgerechnet ich sollte ein Buch schreiben, die ich kaum einen Brief an meine Eltern fertigbrachte? So dumm würde ich nie sein! Ohnehin wurden tagtäglich zu viele nutzlose Bücher veröffentlicht. Ich hatte allerdings daran gedacht, ein Tagebuch über unsere bevorstehende Kreuzfahrt in der Südsee zu schreiben (eine Kreuzfahrt, von der wir heimlich geträumt hatten), weil es anderen eine Hilfe sein konnte, denen es an Mut fehlte, fortzusegeln.

Nein, das Schreiben lag mir nicht. Es war ein Fehler, wenn man sich monatelang hinsetzte, um Tinte aufs Papier zu bringen, statt etwas zu tun ... was sicherlich eine direktere, realere und befriedigendere Art zu leben war, als über Vergangenes zu schreiben ...

Für mich zählte nur die Gegenwart. Es war wichtig, das Leben voll auszukosten, mit eigenen Händen zu arbeiten, den eigenen Gedanken nachzuhängen und für Dinge zu leben, die es meiner Ansicht nach verdienten. Damals vertrat ich die Ansicht, man sollte nicht in einer Vorstellung leben und über Dinge reden, die noch nicht getan waren ... Ich war noch nicht zu der Erkenntnis gelangt, daß Meditation ihre positiven Seiten hat und daß man mit Nachdenken oder Schreiben durchaus eine »wertvolle« Tätigkeit ausüben kann. Dummerweise glaubte ich, schreiben heiße soviel wie die Vergangenheit betrachten und sei ein Zeichen dafür, daß die Energie nachläßt, die in die Zukunft gerichtet ist, und somit der eigentliche Beginn des Sterbens.

Mein einziger Gedanke galt der Vorbereitung eines langen Lebens auf See. Dort wäre ich ständig in Berührung mit der Realität der Sonne, des Windes, der Wellen und der Menschen, die sich ihren Lebensunterhalt auf dem Meer verdienen – weit weg von der Heuchelei und Gekünsteltheit einer Stadt.

> *Hast du je, hungerleidend, triumphiert;*
> *daniederliegend noch nach Ruhm gestrebt,*
> *an Größe gewonnen in der Schöpfung Größe?*
> *Hast du etwas getan, um es zu tun,*
> *und Schwätzern das Erzählen überlassen,*
> *und durch die hübsche Schale in die nackte Seele geblickt?*
> R. W. SERVICE

Vom Deck der *Volunteer* aus sah man, wie die glutrot untergehende Sonne zur Hälfte von dunkelblauen Wolken verdeckt wurde. Die durch den Dunst zerstreuten rosa Strahlen verliehen Bucht und Liegeplätzen perlmuttenen Glanz. Die Luft war milder: sie erinnerte mich daran, daß das Land der Felder und Bäume, das ich fast vergessen hatte, wieder zum Leben erwachte.

Wir mußten die Barge zum Schwimmen bringen. Stone sagte uns, wir sollten die nächste Flut abwarten; alles ging schief, jeder schimpfte mit jedem. Dooley verlor die Nerven. Mechanisch schoß er Taue auf, während wir auf die *Palatina* zutrieben und die beiden vor Anker liegenden Fischkutter mit uns zogen, an denen wir unsere Heckleinen festgemacht hatten.

Obwohl er heftig fluchte, nahm der Colonel das Ganze gelassen hin. Wenn diese Manöver für die Volunteer am Ende nichts Neues waren, würde ich sicher noch an einem Herzschlag sterben! Ich wünschte mir inständig, daß tapfere Gäste oder Schüler an Bord kommen würden, da wir mit dem Colonel, Dooley und mir nicht genügend Arbeitskräfte hatten. Hin und wieder ging uns Condor, der Mechaniker, zur Hand, wenn seine Maschine gut lief; und unser Steward, der langsame Revell, entstieg ein- oder zweimal seiner Kombüse und machte sich an einer Winsch zu schaffen. Mrs. Shawe-Taylor stand reglos da und rümpfte amüsiert die Nase. Bei einem verzweifelten Versuch, einen Zusammenstoß zu verhindern, half sie dem Colonel, das Steuerrad schneller zu drehen. Ein paarmal hatte unser Eigner merkwürdige und wenig erfolgreiche Begegnungen mit einem eisernen T-Träger, der neben dem Steuerrad aus dem Deck ragte und dazu dienen sollte, das Rudergeschirr zu führen.

Zum Glück befand sich der alte Stone an Bord; und nachdem er sich davon überzeugt hatte, daß Dooley unfähig war zu entscheiden, was zu tun sei, übernahm er schließlich das Kommando. Bei Hochwasser lichteten wir den Anker und stießen uns vom Grund ab. Der Wind blies wie wahnsinnig, und ich wurde unruhig, als ich sah, mit welcher Kraft er in unsere schwere Takelage fuhr, die mit am Mast aufgegeitem Toppsegel und Großsegel belastet war. Da die Seitenschwerter hochgezogen waren, bot unser massiger Rumpf praktisch keinen Widerstand; wir wurden vom Wind und dem starken Ebbesog hin und her geworfen. Ich wagte nicht, mir vorzustellen, was in den nächsten Tagen noch geschehen könnte.

Das Wichtigste jedoch war, daß wir schwammen, was ich kaum glauben konnte, denn ich hatte mich inzwischen an das Leben auf dem Trockenen gewöhnt. Immer wieder eilte ich den Niedergang hinauf, um einen Blick auf das Wasser ringsumher zu werfen.

Wir ritten nicht weit von unserem Liegeplatz vor Anker. Unser alter Rumpf mußte sich nicht länger auf dem Trockenen durchbiegen; er lebte und schwamm wieder; Türpfosten und Schwellen hatten sich soweit gerichtet, daß man die Türen schließen konnte; und die Wasserspülung funktionierte. An unserem Stag brannte auf halber Höhe ein weißes Licht. Das Wasser gluckerte am Rumpf, kaum zwanzig Zentimeter von meinem Ohr entfernt. Obwohl die See in der Bucht so glatt wie eine Rollschuhbahn war, wußte ich, daß wir nicht mehr auf Grund lagen: ich war nicht ganz sicher auf den Beinen und fühlte mich wie beschwipst – ein Gefühl, das nur ein oder zwei Tage anhalten würde.

Ich lag in meiner niedrigen Koje und war so müde, daß ich nicht einschlafen konnte ... Dabei mußte ich am nächsten Morgen früh aufstehen. Ich war den ganzen Tag überall wie wild herumgelaufen und hatte Botschaften von Dooley zum Colonel gebracht und umgekehrt (wobei ich klugerweise die Flüche und die wenig schmeichelhaften Bezeichnungen ausließ), war zu Condor hinabgetaucht, um ihm zu sagen: »Fahren Sie um Himmels willen volle Fahrt achteraus«, war in das Beiboot gesprungen, um ein Tau zu einer Boje in der Mitte des Fahrwassers zu bringen; hatte dem Colonel gesagt, wann sein Ruder mittschiffs lag; war zum Wasserstag gerannt, um in letzter Sekunde den Bugspriet einer kleinen Yacht zu retten, die dummerweise mitten in unserem Weg vertäut lag; hatte die schlammige, schlüpfrige Ankerkette ebenso schnell geordnet, wie Dooley und Revell sie um das Ankerspill hievten – weil wir eine schlechte Muring aufgepickt hatten. O Schutzpatron aller Seeleute, welch ein Alptraum!

Zum Abschluß dieses Tages dinnierte ich mit dem Colonel und Amy – es gab Austern, Seezunge und Truthahn. Revell hatte aufgetragen, und danach bewältigten wir den Abwasch gemeinsam.

Es war der 8. Mai. Wir standen um fünf Uhr auf und begannen, den Anker zu lichten, weil wir mit der Tide wegkommen wollten; ich hastete nach achtern, um dem Colonel mitzuteilen, daß wir klar zum Auslaufen waren. Nachdem der Motor wohl ein halbes Dutzend Mal fröhlich gehustet hatte, sprang er an. Wir schlugen ohne weitere Zwischenfälle einen südlichen Kurs ein und nahmen Abschied von dem verschlafenen Brightlingsea.

Ein kräftiger Südwind blies, als wir Besan und Großsegel lösten und uns zuriefen: »Kommen Sie schon in den Wind, Colonel, sonst können wir die Großschot nicht dichtholen.« Das war leicht, man mußte nur die kleine Winsch zweimal herumdrehen. Und dann? »Stagsegel hissen ... Schnell, nehmen Sie den Schornstein vom Herd weg, bevor er mitgerissen wird!« – »Und was ist mit den Seitenschwertern? Wir sollten das auf der Leeseite herunterlassen, da wir aufkreuzen.«

Unterdessen passierten wir unsere schweigsamen, reglosen Freunde, die Bar-Boje und die Adlerboje, und kreuzten durch den Spitway. Dooley steuerte, während wir unter Deck gingen, um zu frühstücken. Der Tisch war nicht festgeschraubt und wackelte. Man mußte achtgeben, daß man sich nicht auf das blauweißkarierte Wachstischtuch stützte. Der Salon, in dem ich nun wohnen sollte, nahm den mittleren Teil des Schiffsraums ein und war geräumig und hell. Das gesamte Dach war zu einem Oberlicht umgebaut worden. Auf beiden Seiten befanden sich Bücherregale, neben der Tür achteraus standen Kommoden. Unter dem Niedergang hing Ölzeug. Ein Kühlschrank stand auf Backbordseite direkt neben dem Schreibtisch, auf dem Logbuch und Gästebuch nebst Lineal lagen

Die Seekarten lagen unter den Sitzbänken. Die Schotten waren geschmückt mit lustigen Farbkarikaturen von Gilray; der Colonel erzählte uns, daß seine »Madame« diese schockierenden Drucke nicht in Pythouse, seinem Landsitz, dulden wolle, so daß er sie mit an Bord genommen hatte. (Ich erinnere mich noch an eine Zeichnung mit dem Titel *Sie ergibt sich, um zu erobern*.)

Während ich das Frühstücksgeschirr abräumte und die Kabinen in Ordnung brachte, war ich mit meinen Gedanken an Deck, und ich wußte jedesmal, wann wir wendeten.

Irgend etwas beunruhigte mich; wir schwangen nicht gleichmäßig herum. Immer wieder luvte die Barge zu stark an. Zuerst flatterte das Stagsegel bedrohlich über der Back, und dann zerrte das Schothorn des Großsegels mit dem riesigen Block geräuschvoll am Großschotwagen.

Als ich wieder an Deck kam, war der Wind so stark, daß ich mir ein Kopftuch umbinden mußte. Nur das Luvschwert war heruntergelassen, und das war für niemanden gut. Wieder brachte Dooley die Barge zu nah an den Wind und damit zum Stillstand; dann legte er das Ruder, so daß der nächste Windstoß sie ohne Fahrt querein traf. Unter einer solchen Belastung wurden die Planken der alten Barge leck; das Bilgenwasser stieg bis über die Bodenbretter, so daß wir es auspumpen mußten.

Offensichtlich hatte Dooley kein Gespür für ein Segelschiff. Er steuerte sie nach Kompaß, was sinnlos ist, wenn ein Boot hart am Wind liegt. »Geben Sie sie mir mal«, schlug ich möglichst beiläufig vor; Dooley wußte nicht, daß ich noch nie ein Steuerrad in Händen gehalten hatte.

Dooley ging nach vorn, um die Karte zu studieren. Der Colonel war achtern, um sich auszuruhen. Amy war kurz an Deck gekommen, fand es aber zu kalt und windig. Ich war allein. Der Motor tuckerte immer noch und verpestete die Luft mit dem muffigen Geruch verbrannten Öls. Hin und wieder wurde der Auspuff von der Dünung erstickt.

So kam es, daß ich die *Volunteer* an unserem ersten Tag vor der Ostküste in Höhe von Southend zwischen Sandbänken hindurch in die Themsemündung steuerte...

In der Hauptfahrrinne herrscht ein reges Hin und Her von Frachtschiffen. Wir fahren mit dem Gezeitenstrom und machen acht Knoten. Die Leerreling taucht gar nicht mehr aus der Gischt auf; und zu den Davits, an denen unsere beiden Beiboote befestigt sind, mag ich gar nicht hinsehen. Regentropfen prickeln auf meinem Gesicht. Endlich ist Dooley damit einverstanden, das Großsegel zu verkleinern, das sich wie ein Bühnenvorhang zu einem großen braunen Bündel in Falten an den Mast legt.

Der Colonel versucht das Gleichgewicht zu halten und klammert sich an das Gaffelgeer. Er raucht eine Pfeife mit einem silbernen Deckel, die aussieht wie ein Saxophon. Er hat beschlossen, eine Zeitlang zu ankern, da Amy sich nicht wohlfühlt und wir hier an Land gehen müssen.

Wir gleiten an der Pier entlang und lassen den Anker fallen, sobald wir sie passiert haben, damit wir nicht zu weit rudern müssen.

Den Klüver und das Stagsegel niederholen ist harte Arbeit, da der immer noch starke Wind mit ihnen spielen will. Pause ... Plötzlich herrscht Friede im ruhig daliegenden Salon! Meine Hände brennen vom Bedienen der Seitenschwert-Talje, vom Umgang mit dem groben Hanf der Geitaue und der feuchten Großschot.

Treibt das Boot ab? Nein, wir befinden uns noch immer in Höhe derselben Boje; der Anker hält, und wir können in Ruhe zu Mittag essen. Der Colonel ist charmant. Er will unsere Gäste in Dover an Bord nehmen (kein junger Mann für mich dabei, fügt er mit einem lauten Auflachen hinzu) und dann nach Dieppe hinübersegeln, um dort im Casino zu spielen, sagt er. Außerdem will er in der Nordsee Thunfisch angeln, »nur um zu sehen, ob es ein Thunfisch mit mir aufnehmen kann.«

Aber jetzt heißt es »Anker lichten!« Dooley, Revell und ich arbeiten am Spill und lassen die Palls um den Randkranz klicken. Condor läßt seine Maschine an. Wir brauchen sie, da wir gegen den Wind starten. Der Eigner steht barhäuptig und mit einer brennenden Zigarre am Ruder.

Wir haben den Anker gerade gelichtet, da trifft uns eine furchtbare Bö, die die Zeisinge unserer geborgenen Vorsegel losreißt, die zur Hälfte gehißt sind, wie es bei Bargen üblich ist. Sie schlagen so heftig, daß sie unsere Abdrift verstärken und unseren Vorsteven sofort nach Lee drehen, und dort ist – die Pier! Der Motor kann gegen eine solche Sturmbö fast nichts ausrichten. Der Colonel weiß nicht, was er tun soll, er schreit so laut er kann nach Condor; er hat das Ruder völlig umgelegt und damit keine Ruderwirkung. Die am Ruder befestigte Besanschot reißt: das Besansegel kann uns nun nicht mehr in den Wind bringen.

Wie gebannt starre ich auf den Molenkopf, der wie ein Schnellzug auf uns zurast. Wir arbeiten wie wild und versuchen, die Vorsegel herunterzuholen, damit der Motor es leichter hat. Pier und Barge streben anscheinend unweigerlich aufeinander zu, unbarmherzig! Es wird einen so furchtbaren Zusammenstoß mit dieser Pier geben, die bisher freundlich zu mir war. Ich wage kaum, die Augen zu öffnen (Inbrünstig wünsche ich mir, meine schönen Bilder vom Skilaufen, die im Schiff unten sind, würden in einer wasserdichten Schachtel liegen!). Seitlich schießen wir am Fuß des Pfahlwerks vorbei. Keine Zigarre paßt mehr zwischen unser Ruder und den am weitesten hervorstehenden Pfahl. Das Wasser klatscht böse unter der Pier. Es erinnert mich an die kleinen, schäumenden Vulkane, zu denen das Meer auf japanischen Bildern aufgewühlt wird.

Nachdem die Gefahr vorüber ist, wird mir ganz schwach. Wir setzen die Segel und nehmen Kurs Südost, wo das Feuerschiff Nore traurig und verlassen im Regen liegt. Unser Toppsegel ist am Schothorn gerissen, und ich bin froh, daß wir es zunächst einmal niederholen müssen, denn immer noch bläst der Wind fast mit Sturmstärke. In der Nähe der Hügel von Kentish wird es ruhiger, und um 19 Uhr lassen wir nach einem ereignisreichen Tag vor Margate den Anker fallen.

Neben uns befinden sich zwei beladene, tief im Wasser liegende Bargen, die auf den Gezeitenwechsel warten, die *Dongola* und die *Michigan*.

Der Friede ist jetzt vollkommen, und das Wasser um uns herum ist ruhig. Obwohl die Lichter von Margate in der Dunkelheit nicht weit von uns sanft flackern, fühle ich mich von aller Welt abgeschnitten. Ein Fall schlägt in regelmäßigen Abständen gegen den Mast. Vage spüre ich die Nähe von London im Westen – London, der größte Hafen der Welt, ein Magnet, der Schiffe aller Art unablässig anzieht; alle, die in einer langsamen Prozession stromaufwärts segeln, werden zurückkehren, sobald sie geleert und wieder aufgefüllt sind. Sie werden gerufen und zurückgeschickt ... um erneut aus dem Maul der Themse ausgespuckt zu werden!

Mit Einsetzen des Ebbestroms brechen wir früh am nächsten Morgen auf. Das Wetter ist schlecht, und es ist so kalt, daß ich alles überziehe, was ich finde. Wie wohl tut da die Tasse Tee, die mir Revell an Deck bringt. Er ist ein guter Kamerad; ich bin überrascht, daß er so entgegenkommend ist. Er hat ein hölzernes Gesicht mit einem dicklichen Kinn und kleinen schwarzen Augen, in denen ich nichts lesen kann. Seine Augenbrauen haben ein umgekehrtes »V« fest in seine behaarte Stirn eingemeißelt.

Wegen eines südlichen Gegenwindes »fahren wir mit Motorkraft«, umsegeln die Longnose-Boje, und als wir uns auf Höhe von North Foreland befinden, reiten wir eine hohe See; die Schraube ragt die meiste Zeit aus dem Wasser und beschleunigt wie wild, bis sie erneut in den Widerstand des Seewassers eintaucht; es wird zu einem regelrechten Versteckspiel, bei dem die Spriet hin und her gestoßen wird. Ein paar Meilen weiter westlich können wir an Land die grauen Häuser von Ramsgate erkennen. Wie eintönig ist doch diese Küste, verglichen mit den Buchten und Kiefern, wie ich sie vom Mittelmeer her kenne...

Wind und Gezeitenstrom sind gegen uns, daher werfen wir vor Deal den Anker aus, um zu Mittag zu essen. Und dort schlafe ich eine selige Stunde lang in den Falten des Stagsegels über der Kombüse, träume allerdings davon, daß wir auf den Goodwin-Sandbänken stranden...

Ganz langsam schleichen wir mit Motorkraft aus den Downs heraus, passieren South Foreland und erreichen bald wohlbehalten den Hafen von Dover, das geschäftige, grauweiße Dover mit seinen berühmten Kliffs, die ich zum ersten Mal sehe.

ELIZABETH VON ARNIM

Charlotte

Am nächsten Morgen verließen wir Göhren früh um sieben Uhr und frühstückten draußen im Wald, weitab von allen Fremdenpensionen. Gertrud hatte Brot, Butter und eine Flasche Milch gekauft, und damit saßen wir zwischen den Nachtschattengewächsen, die überall blühten, und frühstückten in Reinheit und Sauberkeit, während August auf der Straße wartete. Die reizenden kleinen Blüten sind halb purpurn und halb gelb, sie haben im Herbst rote Beeren, und Keats nennt sie die rubinfarbenen Trauben der Proserpina. Dennoch sind sie nicht giftig, und es besteht kein Grund, warum man ihren Kuß auf bleicher Stirne nicht dulden sollte. Sie sind ebenso unschuldig wie niedlich, und der Wald ist voll davon.

Gift, Tod und Proserpina schienen mir weit entfernt von diesem lauschigen Ort und der schlichten Biederkeit von Butter und Brot. Für den Fall, daß ich allzu glücklich würde und daher weniger fähig, irgendwelche Schocks, die mich etwa in Thiessow erwarteten, zu ertragen, sprach ich flüsternd und zu meiner Warnung und Belehrung die melancholische Ode. Ohne Wirkung. Meist ist sie durch ihre außergewöhnliche Schwermut ein unfehlbares Gegenmittel gegen jede übermäßige Fröhlichkeit, doch gegen den Wald, die Morgensonne und Butterbrot kam sie nicht an. Nein, die Freude saß zufrieden neben mir und teilte mit mir Brot und Butter, und als ich nach Thiessow fuhr, stieg sie mit mir in den Wagen und flüsterte mir zu, ich würde dort sehr glücklich sein.

Der sandige Weg außerhalb des Waldes führte zwischen Kornfeldern hindurch, die fröhlich bunt von Kornraden waren, heitere Anzeichen, daß die Ernte schlecht werden würde. Von hier bis Thiessow gibt es keine Bäume, nur rund um die Bauernhäuser von Philippshagen, einem hübschen Dorf mit einer altersgrauen Kirche. Dahinter besteht die Straße nur noch aus Sand und verläuft sich in vagen Spuren im flachen Weideland, das sich ganz bis Thiessow erstreckt. Der Reiseführer empfiehlt die Küstenstraße, wenn der Wind aus Osten weht – was er tat; dies sei die schnellste und zuverlässigste Route von Göhren nach Thiessow. Ich nahm aber lieber den Weg über die Ebene. Der Reiseführer enthielt nämlich ein Gedicht über den Weg an der Küste entlang und behauptete, es schildere ihn ausgezeichnet. Hier ist das Gedicht:

Schäumende Wellen
schwankendes Boot
tauchende Möwen
Dünen.

Tobende Winde,
Fliegender Schaum
rasche Blitze
Mond!

Angstvolle Herzen
Grauer Morgen
Stürmische Nächte
Glaube nur!

Wer nach Thiessow fährt, tut es allein um Thiessows willen, dies zeigt ein Blick auf die Karte. Wer sich entschließt, die gesamte Länge der Ebene zu durchfahren, die es von allen übrigen Orten trennt, muß auch wissen, daß er die gesamte Länge wieder zurückreisen muß, daß er noch einmal Göhren besuchen und Baabe durchfahren muß und Sellin näher kennenlernen wird, das am Wege zu den bisher nichtbesuchten Dörfern nach Norden liegt. Die Fahrt hinunter nach Thiessow ist einzigartig, und zwar deshalb, weil man denkt, sie höre niemals auf. Man sieht den Ort in der Ferne liegen und holpert im Schritt darauf zu in dem ausgefahrenen Geleise, und neben dem Geleise über Gras, über grasbedeckte Hügel. Die Sonne brennt, das Meer zur Linken rollt in langen Wellen, zur Rechten noch mehr Meer hinter dem welligen Grün, ein ferner Hügel mit einem Dorf im Westen, Segel von Fischerbooten, Leute in seltsamen Trachten mähen weit weg eine Wiese, und überall in der Ebene sind einsame Schafe und Kühe angepflockt, deren Erschrecken beim Nahen einer Kutsche nur durch ihr zurückgezogenes Leben zu erklären ist. Bäume wachsen hier nicht. Hätten wir nicht die ganze Zeit Thiessow liegen sehen, so hätten wir den Weg verloren, denn es gibt keine Straße. So fährt man einfach weiter, bis das Land zu Ende ist, und damit ist man in Thiessow. Im Sommer, glaube ich, kann man von Göhren oder von Baabe aus per Dampfer hingelangen, wenn aber die Wellen zu hoch sind für die kleinen Boote, die Gäste zum Dampfer bringen, hält er nicht, so daß es eben nur den Weg über die Ebene oder an der Küste entlang gibt. Das Holpern war so unerträglich, daß ich schließlich ausstieg und zu Fuß ging. Für die Pferde war es schwere Arbeit, und der Wagen hatte viel auszuhalten. Gertrud saß da und hielt die Hutschachtel fest, die bei jedem Schlingern herauszufallen drohte. August sah unglücklich aus. Seine Erfahrungen in Göhren waren noch schlimmer als unsere, und Thiessow lag ganz am Ende der Welt. Es hatte zudem den sichtbaren Nachteil, daß wir es, ganz gleich, wie es dort auch sei, ertragen mußten. Über die Ebene zurückzufahren, nur um eine zweite Nacht in Göhren zuzubringen, das kam weder für die Pferde noch für uns in Frage. Ungerechterweise: ich war vollkommen glücklich. Die weite Ebene, das weite Meer, der weite Himmel strahlten, selbst das Gras federte unter meinen Füßen, die Gänseblümchen, die es bedeckten, sahen lustiger aus als anderswo, und hoch droben zwischen den großen aufgetürmten Wolken waren die glückseligen kleinen Lerchen wie trunken vor Entzücken. Ich ging, um mich allein zu fühlen, ein Stück vor dem Wagen her. Ewig hätte ich so in dieser strahlenden Frische wandern können. Die schwarzgesichtigen Schafe rannten wild im Kreise herum und rissen an ihren Stricken in erschreckter

Aufregung. Wenn ich ihnen zu nahe kam, wurden selbst die Kühe unruhig. In der Wiese weit draußen hielten die Mäher inne und beobachteten uns, bis wir zu kleinen Punkten dahinschwanden. Durch mein Fernglas sah ich zu meiner Verwunderung, daß die männlichen Mäher lange, gebauschte weiße Dinger anhatten wie Frauen-Unterröcke, an jedem Bein einer. Die Sonne stand unterdessen sehr hoch am Himmel und schien fast senkrecht auf unsere Köpfe, und doch waren wir Thiessow anscheinend nicht näher gekommen. Nun, das machte nichts. Das ist das Schönste an einer Tour wie dieser, daß nichts eine Rolle spielt. Wenn man keinen Zug zu erwischen braucht, wird alles wundervoll einfach. Allerdings, so war meine mittägliche Stimmung, bevor die Müdigkeit auf mir lastete und der Hunger Löcher in meine Fröhlichkeit nagte. Der nach der See und frisch gemähtem Gras duftende Wind hatte jede Erinnerung daran weggeblasen, wie finster das Leben noch am Abend vorher ausgesehen hatte. Mir war, als trüge ich alle himmlische Heiterkeit in meinem Herzen. Ungefähr um ein Uhr endete dieser Spaziergang, der mir im Gedächtnis geblieben ist als einer der allerschönsten, die ich je gemacht habe. Zu dieser Stunde, als der morgendliche Glanz vergangen war und die heitere Klarheit des Nachmittags noch nicht begonnen hatte, gelangten wir zu einem kleinen grauen Hotel aus Holz. Es war im Osten von der See durch einen Streifen Tannenwald getrennt, ungefähr zwanzig Minuten zu Fuß von Thiessow selbst entfernt. Es sah sauber aus, und ich ging hinein. August und Gertrud brieten in der Sonne in der schattenlosen sandigen Straße vor dem lilienbewachsenen Garten. Ich hegte keinen Zweifel daran, aufgenommen zu werden, und sogleich wurde ich von einer blitzsauberen Wirtin in ein blitzsauberes kleines Zimmer geführt. Es war ein Eckzimmer im Südwesten des Hauses; ein Fenster sah nach Süden auf ein Stück Gemeindeland, das andere nach Westen auf die Ebene. Das Bett stand unter diesem Fenster, und wenn man dort lag, konnte man das westliche Meer sehen, den fernen Hügel an der Küste mit seinem Dorf und sonst nichts als Gras, Gras, nur Gras. Es wogte direkt von der Hausmauer bis hinaus in die Unendlichkeit. Das Zimmer war winzig. Hätte ich mehr gehabt als die Reisetasche, es wäre nicht hineingegangen. Eine verschlossene Tür führte in ein anderes Schlafzimmer, das, wie das Stubenmädchen berichtete, von einer ruhigen Dame bewohnt wurde. Gertruds Zimmer lag meinem gegenüber. Augusts Miene heiterte sich auf, als ich ihm sagte, er könne sich im Stall einquartieren. Gertrud war angenehm überrascht von der Sauberkeit unserer beiden Zimmer. Ich aß zu Mittag auf einer Veranda, die auf die Wiese hinausging. Der kleine Garten mit den Madonnenlilien war in Reichweite meiner Hand, das Tischtuch, die Löffel und der Kellner waren ebenso sauber wie die Wirtin. Da das Haus klein war, hatte es wenig Gäste, und alle, die ich sah, speisten an anderen kleinen Tischen in der Veranda, es schienen ruhige Leute zu sein, wie man sie an einem so stillen, abgelegenen Ort erwarten durfte. Man konnte das Meer nicht sehen, ich hörte es aber jenseits des Tannenwäldchens, und mich packte die Sehnsucht, ins kalte Wasser zu springen. Der Kellner sagte, die Badehütten seien nachmittags von vier bis fünf Uhr geöffnet. So ging ich zu Gertrud aufs Zimmer und bat sie, meine Sachen um vier Uhr an den Strand zu bringen, wo sie mich finden würde. Während ich sprach, fing die ruhige Dame im Nebenzimmer ebenfalls an zu sprechen, vermutlich mit dem Stubenmädchen, denn sie sagte etwas von heißem Wasser. Ich schwieg augenblicklich. Die trennende Wand war so dünn, daß es schien, die ruhige Dame sei im selben Zimmer wie ich, und mir war einen Augenblick, als kenne ich diese Stimme. Ich sah Gertrud an. Ihr Gesicht war bar jeden Ausdrucks. Die Dame sprach weiter, sie sagte dem Stubenmädchen, es solle die Sonnenblenden herablassen. Der Ton in ihrer Stimme, der mich hatte aufhorchen lassen, war nicht mehr zu hören. Erleichtert steckte ich The Prelude in meine Tasche und ging aus. Im Tannenwäldchen war es schwül und stickig, ich rechnete mit Mücken, doch mehrere Badegäste hatten ihre Hängematten dort festgemacht und waren darin eingenickt, also konnte es wohl keine geben. Unvermittelt betrat ich den sandigen Strand, und jeder Gedanke an Stickigkeit verflog vor dem strahlenden, wogenden, glitzernden, spritzenden Blau, das ich schon am

Abend vorher bei Sonnenuntergang von den Dünen von Göhren aus gesehen hatte. Das Badehaus war einfach, es hatte nur zwei Kabinen und eine lange Bretterbrücke, die bis ins tiefe Wasser führte. Es war verschlossen und verlassen. Auch der Sandstrand lag verlassen, die Touristen schlummerten alle in ihren Hängematten oder in ihren Betten. Ich grub mir eine Mulde im sauberen trockenen Sand unter der letzten Tanne, machte es mir dort bequem und war glücklich. Thiessow war so ruhig und primitiv, der Nachmittag so leuchtend, die Farben des Meeres und des Strandes und der Tannen im Hintergrund so wunderschön. Der Wald zu meiner Rechten reichte wohl bis ans Ende der Halbinsel. Dies alles wollte ich mir später am Nachmittag nach dem Bad anschauen. Wie gern erkunde ich die kleinen Pfade in einem unbekannten Wald, finde Winkel mit Immergrün und Anemonen, entdecke Vogelnester, warte regungslos auf Igel und Eichhörnchen und erfreue mich sogar an den üppigen Schlupfwinkeln, schlammfeucht und grün, wo sich zahllose Schnecken verbergen. Man sagt, daß Schnecken nicht wirklich glücklich seien, daß die Natur grausam sei und daß man nur die angenehme Oberfläche der Dinge anzukratzen brauche, um auf haarsträubende Grausamkeiten zu stoßen. Wenn man weitergrübelt, gelangt man am Ende wieder zu Tröstungen und Wohltaten – aber wozu überhaupt kratzen und grübeln? Warum nicht die Schönheit hinnehmen und dankbar sein? Ich mag meine eigene Mutter nicht kritisieren, die mich so lange an ihrer breiten Brust beschützt hat und die mir so lange mein sicherster Führer war zu allem, was gütig und lieblich ist.

Ich muß geschlafen haben, das Rauschen der Wellen war leiser geworden, und Gertruds Stimme drang zu mir. Sie sagte, es sei vier Uhr vorbei, eine Dame sei schon dort, um zu baden, es gäbe nur zwei Kabinen, und wenn ich nicht bald hinginge, könne ich überhaupt nicht baden. Ich setzte mich in meiner Mulde auf und schaute zu den Badehütten hinüber. Die Badefrau in ihrer weißen Sonnenhaube wartete auf der Bretterbrücke, niemand war bisher im Wasser. Wie lästig, daß dort ausgerechnet jetzt noch jemand baden wollte, denn deutsche Touristen neigen dazu, im Wasser zutraulich zu werden. An Land, in einengende Korsetts geschnürt, gekleidet, mit trocknem und gelocktem Haar, müssen sie sich in den Grenzen der Konvention halten; je mehr Kleider sie jedoch ablegen, desto mehr scheinen sie zu glauben, die letzten Barrieren müßten fallen, und sie benehmen sich im gemeinsamen Element Wasser, als ob sie einander seit Jahren übermäßig schätzten. Ich war überzeugt, daß es mir unmöglich sein würde, den Annäherungsversuchen der anderen Badewilligen zu entkommen. Jedoch die Kabinen wurden um fünf geschlossen, und ich konnte nicht warten, bis sie fertig war. Ich ging also in eine Kabine und fing an, mich auszuziehen.

Während ich das tat, hörte ich, wie sie ihre Kabine verließ und die Badefrau ängstlich fragte, ob das Meer sehr kalt sei. Dann streckte sie anscheinend einen Fuß hinein, denn ich hörte sie aufschreien. Dann beugte sie sich wohl hinab, schöpfte mit der Hand Wasser und besprizte sich damit das Gesicht, denn ich hörte sie nach Luft ringen. Dann versuchte sie es mit dem anderen Fuß und schrie wiederum auf. Die Badefrau fürchtete, daß sie um fünf Uhr immer noch im Dienst sein müsse, und redete mit honigsüßen Worten auf sie ein. Unterdessen war ich fertig, hatte aber keine Lust, die unbekannte Frierende auf der Bretterbrücke zu treffen. Also wartete ich und schaute aus dem kleinen Fenster. Nach einem längeren Palaver wirkte die Überredung der Badefrau, und mit einem wilden Aufschrei stürzte sich die Unbekannte in die Flut, die sofort über ihr zusammenschlug. Als sie wieder auftauchte und zu Atem gekommen war, packte sie das Seil und schrie ohne Unterbrechung mindestens eine Minute lang. »Es muß furchtbar kalt sein«, sagte ich zu Gertrud, nicht ohne geheimes Schaudern. Als ich über die Bretter rannte und unter mir die Unglückliche sich festhielt und schrie, sah sie zu meinem Erstaunen mit nassem, aber strahlendem Gesicht zu mir auf, unterbrach ihr Gekreisch und stieß hervor: »Prachtvoll!«

»Also wirklich – diese Badegäste«, dachte ich entrüstet. Wie kam diese Person dazu, mich anzulächeln und »prachtvoll« zu sagen? Verblüfft über diesen unerwarteten Ausruf einer Frau, die eben noch die Gegend mit ihrem Wehklagen erfüllt hatte, rutschte mein Fuß auf den nassen Brettern aus; ich hörte gerade noch, wie die Badefrau mir riet, vorsichtig zu sein, als ich schon durch die Luft flog. Kälte, Nässe und Atemnot überfielen mich, und ich prustete und rang nach Atem, genau wie es der andere Badegast getan hatte, nur mit dem Unterschied, daß er das Seil erwischt hatte und dabei kreischte, während ich in Panik schrie und den Badegast packte. »Prachtvoll, nicht wahr?« hörte ich die Frau begeistert rufen, nur gedämpft durch das Sausen in meinen Ohren. Mein Mund war voller Wasser, meine Augen blind von Gischt. Ich hielt mich weiter mit einer Hand an ihr fest, dabei war mir kläglich bewußt, daß ich sie nun nicht mehr loswerden konnte. Ich rieb mir die Augen mit der freien Hand und sah sie an. Mein Geschrei gefror mir auf den Lippen. Wo nur hatte ich dieses Gesicht schon gesehen? Sie trug eine von diesen Gummibadehauben, fest anliegend bis an die Augen, die das Wasser so gut abhalten und so hoffnungslos scheußlich sind. Wieder lächelte sie mich mit äußerster Freundlichkeit an und fragte mich wieder, ob ich's nicht wundervoll fände?

»Ach jaja«, prustete ich, ließ sie los und tastete blind nach dem Seil. »Danke, danke, bitte verzeihen Sie, daß ich Sie so grob gepackt habe.«

»Bitte, bitte«, rief sie und strampelte fröhlich.

Wahrscheinlich war sie eine entfernte Bekannte. Vielleicht meine Schneiderin, die ich längst hätte aufsuchen müssen. Das schlechte Gewissen und eine schwache Ähnlichkeit mit jemandem, der wie meine Schneiderin mit einer Gummibadehaube aussehen könnte, hatte mir diesen Gedanken in den Kopf gesetzt. Wie höchst unerfreulich: den ganzen Weg nach Rügen gekommen zu sein, in Göhren gelitten zu haben, in der Mittagshitze meilenweit nach Thiessow gewandert zu sein, nur um beim Baden ein Tête-à-tête mit der Schneiderin zu haben. Noch dazu war ich auf sie draufgepurzelt und hatte mich an ihr festgeklammert. Ich stieg aus dem Wasser und lief in meine Kabine, um mich so schnell wie möglich anzuziehen und fortzurennen. Trotz aller Eile kam die andere Frau, als ich gerade aus meiner Kabine trat, angekleidet aus ihrer, und wir standen einander direkt gegenüber. Beide blieben wir wie angewurzelt stehen und sahen einander mit offenem Mund an.

»Was«, rief sie, »du bist's?«

»Was«, rief ich, »du bist's?«

Es war meine Cousine Charlotte, die ich vor zehn Jahren zuletzt gesehen hatte.

Meine Cousine Charlotte ist Deutsche, und sie war zwanzig, als ich sie zuletzt gesehen hatte. Nun war sie dreißig, und eben hatte sie noch eine Gummibadehaube auf. Diese beiden Dinge verändern eine Frau, doch sie schien sich dessen nicht bewußt zu sein und konnte sich vor Staunen nicht fassen, daß ich sie nicht sofort erkannt hatte. Ich schob alles auf die Badekappe. Darauf drückte ich mein Erstaunen darüber aus, daß sie mich nicht sofort erkannt hatte, und nach einem kurzen Zögern sagte sie, ich hätte so viele Grimassen geschnitten. So vermieden wir mit unendlichem Zartgefühl jede Anspielung auf diese nicht zu verheimlichenden zehn Jahre.

Charlotte hatte eine wechselvolle Laufbahn hinter sich, verglichen jedenfalls mit meinem beschaulichen Leben muß es von Ereignissen förmlich gestrotzt haben. Als sie ganz jung war, hatte sie zur Bestürzung ihrer Eltern darauf bestanden, auf ein englisches College für Mädchen zu gehen – es war in Oxford, ich habe den Namen vergessen –, was höchst ungewöhnlich für ein deutsches Mädchen ihres Standes war. Sie war so entschlossen und machte ihrer Familie das Leben so ungemütlich, daß sie schließlich siegte, was entferntere Verwandte, die nicht den ganzen Tag mit ihr leben mußten, eine verderbenbringende Schwachheit nannten. In Oxford gewann sie alles, was an Preisen und Ehren zu gewinnen war, und wurde die Freude und der Stolz ihrer Universität. Im letzten Jahr ihres Aufenthalts kam ein sechzigjähriger deutscher Gelehrter, ein außerordentlich heller Stern am Firmament europäischer Gelehrsamkeit, nach Oxford und wurde sehr gefeiert. Als Charlotte sah, wie die dortigen großen Leute, die sie bisher als die größten Männer ihrer Zeit zu bewundern gewohnt war, miteinander wetteiferten, ihren Landsmann zu ehren – da kannte ihre Bewunderung keine Grenzen mehr. Schließlich wurde sie ihm vorgestellt, und da ihre Familie in Deutschland wohlbekannt war, sie selbst in der Frische ihrer einundzwanzig Jahre und überdies sehr hübsch, war der große Mann sehr interessiert, er strahlte wohlwollend auf sie herab und streichelte sie liebkosend unterm Kinn. Der Direktor, in dessen Haus er wohnte, war ein Mann, der ausgezeichnet aussah und vorzügliche Manieren hatte. Er mußte vieles übersehen, was bei seinem Gast weniger hervorragend war, und er tat es bereitwillig. Er konnte nicht umhin, seines Gastes Interesse für Charlotte zu bemerken, und erzählte ihm liebenswürdig von ihrer vielversprechenden Laufbahn. Der Professor schien aufmerksam zuzuhören und sah erfreut und anerkennend drein. Als der Direktor schwieg und erwartete, daß er sich zu ihren Talenten äußere oder über ihren lobenswerten Fleiß, mit dem sie diese entwickelt hatte, war alles, was er sagte: »Ein niedliches, rundliches kleines Ding. Ein sehr niedliches, rundliches kleines Ding. Kolossal appetitlich.« Dies wiederholte er zum deutlichen Mißbehagen des Direktors mehrere Male, während sein Blick ihr wohlwollend in die entfernte Ecke folgte, welche den weniger Bedeutenden zur Verfügung gestellt worden war.

Sechs Monate später heiratete sie den Professor. Ihre Familie weinte und flehte sie an, malte ihr vergeblich aus, wie schrecklich es sei, einen Witwer mit sieben Kindern zu heiraten, die alle älter waren als sie selbst. Charlotte aber sonnte sich in ihrem Ruhm. Ihr fernes deutsches Zuhause und seine geistlosen Bewohner brachten sie nur zu einem herablassenden Achselzucken. Sie hatte mir geschrieben, sie werde die Lebensgefährtin des erhabensten Denkers der Gegenwart. Ihre Angehörigen, voller Vorurteile, könnten natürlich ihre herrlichen Zukunftsaussichten nicht würdigen. Sie könne sich nichts Himmlischeres vorstellen, als den Mann zu heiraten, den sie in der ganzen Welt am tiefsten bewundere, erwählt zu sein, seine Gedanken zu teilen und an seinen geistigen Hochgefühlen teilzuhaben.

Danach hörte ich wenig von ihr. Sie lebte in Süddeutschland, und der Ruhm ihres Professors wuchs von Jahr zu Jahr. Jedes Jahr brachte sie einen potentiellen Professor zur Welt, aber jedes Jahr holte der Tod das kleine Wesen nach einer Frist, die zwischen zehn und vierzehn Tagen lag. Die Kreuzzeitung meldete einmal jährlich: »Heute früh ist meine liebe Frau Charlotte von einem strammen Jungen leicht und glücklich entbunden worden«, und »Heute starb unser Sohn Bernhard im zarten Alter von zwei Wochen.« Keins der Kinder lebte lange genug, um den nächsten Bruder zu sehen. Sie wurden beharrlich Bernhard getauft, nach einem Vater, der offenbar danach dürstete, seinen Namen zu verewigen. Schließlich wurde es richtig beunruhigend. Charlotte kam überhaupt nicht mehr aus der Kreuzzeitung. Sechs Jahre lang ging es so mit ihr und den armen kleinen Bernhards weiter, sie geisterten durch die Geburts- und Todesanzeigen, bis sie plötzlich aus ihnen verschwanden. Das nächste, was ich von ihr hörte, war, daß sie in England sei – in London, Oxford und anderen intellektuellen Zentren – und daß sie dort Vorträge halte zum Thema Frau. Wieder stand sie in der Kreuzzeitung, aber auf einer anderen Seite. Die Kreuzzeitung war schockiert, denn Charlotte war emanzipiert. Ihre Familie war so schockiert, daß es an Hysterie grenzte. Charlotte, nicht zufrieden damit, Vorträge zu halten, schrieb nun Artikel, auf deutsch und englisch, die man tagtäglich in den Schaufenstern der Buchhandlungen Unter den Linden liegen sehen konnte. Charlottes Familienmitglieder fielen fast in Ohnmacht, wenn sie dort vorbeigehen mußten. Die linken Zeitungen, die sie nur lasen, wenn es niemand sah, nahmen Charlotte unter ihre Fittiche und schrieben lobpreisende Artikel über sie. Es sei, schrieben sie, erstaunlich und erfrischend, solche Ansichten und solche Intelligenz bei einer Frau zu finden, die aus der stickigen Atmosphäre des Landadels kam. Dem lähmenden Einfluß zu vieler Ahnen sei im allgemeinen nicht leicht zu entfliehen, besonders nicht von weiblichen Abkömmlingen. Wenn er jedoch abgeschüttelt werde, wie in diesem Falle, sollte es jedem Grund zur Freude sein, dem der Fortschritt der Zivilisation am Herzen liege. Ein Staat könne nur wirklich fortschrittlich sein, wenn seine Frauen ... usw.

Mein Onkel und meine Tante starben fast an diesem Lob. Ihre Geschwister blieben zu Hause auf dem Land und lehnten Einladungen ab. Nur der Professor war so heiter wie eh und je. Auf einer Gesellschaft in Berlin, auf der er herumgereicht wurde, erklärte ich ihm, Charlotte sei meine Cousine, wie stolz müsse er auf eine so gescheite Frau sein. Ich hatte ihn noch nie vorher gesehen und habe keinen netteren, rosigeren, freundlicheren kleinen alten Mann kennengelernt.

Er strahlte mich durch seine Brille hindurch an. Fast sah ich die schmale Trennlinie, die ihn vom Kinn-Streicheln abhielt. Es fehlte nicht viel dazu. »Ja, ja«, sagte er, »das sagen mir alle. Die kleine Lotte macht viel Getöse. Leere Töpfe klappern. Aber ich kann wohl sagen, was sie schreibt, ist ein hübscher kleiner Unsinn. Nun, man darf in solchen Fällen nicht allzu kritisch sein.« Und er ergriff die Gelegenheit, mich zu duzen.

Ich fragte ihn, warum sie so allein durch die Welt wandere. Er sagte, das könne er sich nicht vorstellen. Zu meinem Pech bemerkte er, zweifellos voller Begeisterung, daß ich einige seiner einfacheren Werke gelesen hätte, zu meinem großen Nutzen und mit grenzenloser Bewunderung. Er schaute wohlwollender drein denn je und meinte, er habe keine Ahnung gehabt, daß etwas von ihm in Töchterschulen gelehrt werde.

Kurz und gut, ich erlitt eine tüchtige Schlappe. Niedergeschmettert zog ich mich zurück; das hatte ich nicht verdient. Er folgte mir, tätschelte meine Hand und erkundigte sich teilnehmend, warum er mich noch nie gesehen hätte. Meine erneuten Versuche, wie eine Biene vom Honig seiner Weisheit zu naschen, beantwortete er lediglich mit Tätscheln. Tätscheln wollte er, aber keine Weisheit von sich geben, und je länger er tätschelte, desto größer wurde seine gelassene Heiterkeit. Kamen Leute zu uns und zeigten Neigung, an den Lippen des großen Mannes zu hängen, so blickte er mit seelenvergnügtem Lächeln auf und sagte: »Dies ist meine kleine Cousine – wir haben einander viel zu sagen«, und wandte ihnen den Rücken zu. Als ich später gefragt wurde, ob ich nicht einen denkwürdigen, einen erhebenden Abend verlebt habe, da der berühmte Nieberlein so viel mit mir gesprochen habe, konnte ich nur ein tiefernstes Gesicht aufsetzen und sagen, nie würde ich ihn vergessen.

»Nun sag mir eines«, fragte ich Charlotte, als wir langsam zusammen am Strand entlang zu den Klippen und zum Buchenwald gingen, »warum warst du so – warst du so freundlich zu mir im Wasser, obgleich du mich für eine Fremde hieltest?«

Gertrud war, beladen mit unseren Badesachen, ins Hotel zurückgegangen. »Sie kann ja ebensogut meine auch mitnehmen«, hatte Charlotte bemerkt und ihre Sachen auf Gertruds widerstandslose Arme gehäuft. Zweifellos konnte sie es, doch sie zog ein schiefes Gesicht, und ebenso war ihr Lächeln, mit dem sie Charlottes achtlosen Gruß beantwortet hatte. »Du hast sie also immer noch, wie ich sehe«, sagte Charlotte, »mich würde es verrückt machen, immer eine so devote Person um mich zu haben.«

»Es würde mich noch viel verrückter machen, eine Person um mich zu haben, die mir die Schuhe zuknöpft und mich dabei verachtet«, erwiderte ich.

»Warum ich so freundlich zu dir im Wasser war?« wiederholte Charlotte meine Frage, die ich nicht ohne Spannung gestellt hatte, denn man möchte doch seine eigene Cousine von den durchschnittlichen Badegästen unterscheiden können, »nun, das will ich dir sagen. Ich hasse die steife, eisigkalte Art, mit der Frauen anderen Frauen, die sie nicht kennen, den Rücken kehren.«

»Oh, sie sind gar nicht so sehr steif«, bemerkte ich und dachte dabei an vergangene Badeerfahrungen, »und außerdem, im Wasser...« – »Es ist nicht nur unfreundlich, es ist einfach unrecht. Wie sollen wir etwas anderes sein als Handlanger und Aschenputtel, wenn wir nicht zusammenhalten, wenn wir nicht Schulter an Schulter stehen? Oh! Ich fühle mit allen Frauen! Ich kann keine sehen ohne das Gefühl, ich müsse alles Menschenmögliche tun, sie kennenzulernen, ihr zu helfen, ihr zu raten, was sie tun muß, damit, wenn ihre Jugend vorbei ist, noch etwas bleibt – ein anderes Glück, eine wahrere Freude.«

»Als was?« fragte ich verdutzt.

Charlotte sah mir in die Augen, als läse sie in meiner Seele. Doch was sie dachte, stimmte nicht. »Als das, was sie vorher gehabt hat, natürlich«, sagte sie mit einer gewissen Schroffheit.

»Vielleicht aber ist das, was sie vorher gehabt hat, gerade schön gewesen.«

»Es war nur die Art von Freude, mit der jede junge und hübsche Frau überhäuft wird. Aber macht sich diese Freude nicht in dem Augenblick davon, wenn die Frau hager wird oder verzagt oder krank?«

Es war, wie ich's gefürchtet hatte: Charlotte war anstrengend. Und anstrengenden Frauen gehe ich immer aus dem Wege. Aus Charlottes Schriften und Vorträgen wußte ich natürlich, daß sie nicht zu denen gehörte, die daheim sitzen und friedlich schnurren, aber ich hatte geglaubt, sie würde mich als ihre Verwandte mit ihren Theorien verschonen. »Im Wasser warst du sehr vergnügt«, sagte ich, »warum bist du plötzlich so todernst?«

»Nur im Wasser«, erwiderte Charlotte, »kann ich vergessen, wie ernst das Leben ist.«

»Meine liebe Charlotte – wollen wir uns hinsetzen? Das Baden hat mich müde gemacht.«

So setzten wir uns, ich lehnte mich mit dem Rücken gegen einen Felsen und zog den Hut in die Stirn. Ich schaute hinaus auf die See und auf die wolligen Haufen kleiner weißer Wolken darüber, die das Wasser zu berühren schienen. Unterdessen sprach Charlotte. Ja, gewiß, sie hatte recht, fast immer recht, mit allem, was sie sagte, und es war sicherlich verdienstvoll, seine Kläfe und Gaben zu nutzen, wie sie es tat, und zu versuchen, Vorurteile loszuwerden. Ich verstand, daß das, wofür sie kämpfte, gleiche Rechte waren und gleiche Vergünstigungen für Männer und Frauen. Von solchen Versuchen hatte ich schon früher gehört, und bisher haben sie kein befriedigendes Ergebnis gebracht. Charlotte war so klein, und die Welt, die sie herausforderte, war so riesig und so gleichgültig und brachte all solche Anstrengungen – die an sich heldenhaft waren – mit Äußerlichkeiten wie mit kurzgeschnittenen Haaren und Pumphosen in Zusammenhang. Die Vorstellung, daß Charlotte in all diesen Jahren, die so schön hätten sein können, gegen eine Mauer von Gleichgültigkeit angerannt war, schien mir so tragisch, daß ich versucht war, um ihr einen Gefallen zu tun, mitzukommen und mit ihr gegen diese Mauer zu rennen. Jedoch, ich bin keine Heldin. Die Härte und Kälte der Mauer erschreckt mich. Welche Erfahrungen mit ihrem großen Denker mögen sie veranlaßt haben, sich so völlig von dem lichten und beschützten Land der Ehe abzuwenden? Vielem, was sie sagte, mußte ich zustimmen. Wenn die Frauen nur wollten, würde es nicht beim Protest einiger weniger bleiben. Und zuerst müßte diese geheime Gegnerschaft unter Frauen überwunden werden, ehe eine wirkliche Zusammenarbeit zustande kommen könnte. Wenn Charlotte von Zusammenarbeit sprach, dachte sie offenbar nur an diejenigen, denen die Jahre, anstelle der Macht der Jugend, die traurige Vernünftigkeit verliehen haben, die aus wiederholter Enttäuschung kommt – eine Zusammenarbeit also der Ältergewordenen. Und die deutsche Ältergewordene bleibt in den allermeisten Fällen zurückgezogen in ihrer Küche und denkt nicht im Traum an Zusammenarbeit. Hat sie nicht die Streitereien ihrer ersten Ehejahre hinter sich gebracht, hat sie nicht die Kinderstuben gefüllt, und ist sie nicht ein wenig unförmig geworden? Wenn rebellische Gedanken je in ihrem Kopf entstehen, wird sie sich im Spiegel betrachten, und sie wird denken, daß Frauen wie sie, die irgend etwas anderes tun, als ihr Heim in Ordnung zu halten und ihre Familie zu füttern, sich auf beinah rührende Weise lächerlich machen.

»Du solltest dich nicht nur um die Alten kümmern«, murmelte ich und sah dem kleinen weißen Dampfer zu, der das Festland von Göhren umrundete, »bring die Jungen dazu, zusammenzuarbeiten, meine liebe Charlotte. Bringst du all die hübschen Frauen zwischen zwanzig und dreißig auf deine Seite, so hast du's geschafft. Kein Druck wäre notwendig. Die Zugeständnisse vom anderen Geschlecht würden nur so herabregnen.«

»Ich hasse das Wort Zugeständnisse«, sagte Charlotte.

»Ja – wirklich? Es gibt sie aber. Wir leben von den Zugeständnissen derer, die du vermutlich den Feind nennst. Und schließlich leben wir alle gar nicht so schlecht.«

»Übrigens«, antwortete Charlotte und wandte sich mir plötzlich zu, »was hast denn du in all den Jahren getan?«

»Getan?« wiederholte ich etwas verwirrt. Ich weiß zwar nicht, warum ich so verwirrt war, nur klang in Charlottes Stimme ein Ton mit, der ihre Frage wie eine strenge Prüfung klingen ließ. »Als ob du nicht sehr gut wüßtest, was ich getan habe. Ich habe eine Reihe Babys bekommen und sie alle ganz ordentlich aufgezogen.«

»Darauf brauchst du dir nichts einzubilden.«

»Das tu ich auch nicht.«

»Deine Katze vollbringt genau dasselbe.«

»Meine liebe Charlotte, ich habe keine Katze.«

»Und jetzt? Was tust du jetzt?«

»Du siehst ja, was ich tue. Offenbar dasselbe wie du.«

»Das meine ich nicht. Natürlich weißt du, daß ich das nicht meine. Was fängst du jetzt mit deinem Leben an?«

Ich sah Charlotte vorwurfsvoll an. Wie hübsch war sie einmal gewesen. Wie reizend hatten sich ihre Mundwinkel nach oben gebogen, als lächle ihre Seele immer. Und sie hatte dieses allerliebste Kinn gehabt mit einem Grübchen darin, und sie hatte klare, erwartungsvolle Augen, und alle Linien ihres Körpers waren reizend und anmutig gewesen. Solche natürlichen Vorteile sollte niemand leichten Herzens aufgeben. Wenig war davon übriggeblieben. Ihr Gesicht war schmal, und der entschlossene Ausdruck darin machte es hart. Zwischen ihren Augenbrauen lief eine gerade tiefe Linie, so als ob sie finsterer ins Leben schaute als nötig. Ihre Augen waren ebenso hell und intelligent wie je, sie schienen größer geworden zu sein. Irgend etwas hatte Charlotte vollständig verändert. War es der Kummer um die sechs Bernhards, war es ihr gegenwärtiger Enthusiasmus oder die ungewöhnliche Verbindung von beidem? Nie habe ich jemanden gesehen, der weniger der Ehefrau eines berühmten Professors glich als sie. Sollte die Frau einer deutschen Berühmtheit nicht ruhig, gemütlich, breit und langsam sein? Ist nicht er das Hirn, sie die willige Dienerin? Das ist völlig gerecht. Wenn es große Männer geben soll, so muß sich auch jemand finden, der sich um sie kümmert. Dies muß jemand sein, der geduldiger, treuer und verehrender ist als ein Dienstbote, der aber nicht wie ein Dienstbote in der Lage ist, bei der geringsten Veränderung den ganzen Kram hinzuwerfen. Eine Ehefrau ist die Hecke zwischen den kostbaren Blüten des männlichen Geistes und der Hitze und dem Staub der gemeinen alltäglichen Plackerei. Sie ist der schützende Flanell, wenn die Winde des Alltags kalt wehen. Sie ist Prellbock, Trösterin und Köchin, und solange sie diese verschiedenen Rollen freudig übernimmt, ist alles in Ordnung. Erst wenn sie Widerstand leistet, wenn sie so weit geht, auf dem Pfad erhitzter Rebellion durchaus klug sein zu wollen, aus eigener Kraft und in der Öffentlichkeit, so hat sie, jedenfalls in Deutschland, gegen jedes Gesetz von Religion und Anstand verstoßen. Dies aber hatte Charlotte, wenn alles stimmte, was ich gehört hatte, während der letzten drei Jahre getan, und deshalb dünkte mich ihre strenge Frage, an eine so nüchterne Frau wie mich, ungewöhnlich unpassend. Was hatte ich mit meinem Leben angefangen? Wenn ich auf der Suche nach einer Antwort zurückschaute, kam es mir sehr weit, sonnig und ruhig vor. Da gab es Kinder und einen Garten und einen Ehemann, aber ich hatte nichts »getan«. Aber wenn ich auch keine Flugschriften oder Vorträge vorweisen konnte, so brauchte ich auch keine Falte zwischen meinen Augenbrauen vorzuweisen.

»Zu seltsam«, fuhr Charlotte fort, als ich schwieg, »daß wir einander hier so treffen. Ich war im Begriff, dir zu schreiben, ob ich zu dir kommen und dich besuchen dürfe.«

»Oh, wirklich?«

»Oft habe ich in letzter Zeit gedacht, daß gerade du mir eine Hilfe sein könntest, wenn ich dich nur wachrütteln könnte.«

»Mich wachrütteln, meine liebe Charlotte?«

»Oh, ich habe von dir gehört, ich weiß, daß du auf dem Lande wohlverpackt eine Art Traumleben führst. Versuche nur nicht, meine

Frage zu beantworten, was du getan hast. Du kannst sie nicht beantworten. Du hast in einem Traum gelebt, warst völlig von deiner Familie und deinen Pflanzen eingenommen.«

»Meine Pflanzen, meine liebe Charlotte?«

»Du siehst nicht weiter oder willst nicht weiter sehen als bis zum Graben am Ende deines Gartens. Alles, was draußen vor sich geht, draußen, in der großen, wirklichen Welt, wo Menschen ernsthaft leben, wo sie sich mühen und sich sehnen und leiden, wo sie unentwegt ihr Ideal von einem offenen Leben, von reicheren Erfahrungen, von höherem Wissen verfolgen – all das ist dir vollkommen egal. Deine Existenz – niemand kann es Leben nennen – ist gänzlich negativ und gefühlsarm wie –«, sie unterbrach sich und blickte mit einem schwachen, mitleidigen Lächeln zu mir hin.

»Wie was?« fragte ich voller Angst, das Schlimmste zu hören.

»Offen gesagt – wie eine Auster.«

»Also wirklich, meine liebe Charlotte«, rief ich, selbstverständlich aufgebracht. Wäre ich eine Auster – komisch, daß dieses Wort mich so aus der Fassung brachte –, so war ich wenigstens eine glückliche Auster, und dies war sicherlich besser, als unglücklich und überhaupt keine Auster zu sein. Charlotte war bestimmt eher traurig als glücklich. Glückliche Menschen haben nicht den Ausdruck in ihren Augen wie sie, auch ist ihr Gesicht nicht ununterbrochen fest entschlossen. Und warum sollte ich mir eigentlich eine Predigt anhören? Wenn ich in der Laune bin, einem Vortrag zuzuhören, kaufe ich mir ein Billett, gehe hin und höre zu, und wenn ich kein Billett gekauft habe, ist dies ein Zeichen, daß ich keinen Vortrag zu hören wünsche. Ich hatte keine Lust, diese herrlich einfache Situation Charlotte auseinanderzusetzen, aber ich wollte unter allen Umständen ihre Beredsamkeit dämpfen, sonst würde sie mich bis zur Dunkelheit im Freien unterhalten. Ich stand auf, räusperte mich und sprach mit salbungsvoller Stimme, so wie Leute auf einem Podium ihre Ansprachen beginnen: »Geehrte Anwesende.«

»Willst du mir einen Vortrag halten?« fragte Charlotte erstaunt.

»Jawohl, als Gegenleistung für deinen.«

»Liebe Seele, kann man denn über nichts als über Pflanzen mit dir sprechen?«

»Ich weiß wirklich nicht, warum du meinst, daß nur Pflanzen mich interessieren. Bisher habe ich keine auch nur erwähnt. Und du bist wahrhaftig die letzte Person, mit der ich meine Gemüsesorgen teilen würde. Doch das war's nicht, was ich sagen wollte. Ich habe die Absicht, Ihnen, geehrte Anwesende, ein paar Worte über Ehemänner zu sagen.«

Charlotte runzelte die Stirn.

»Jawohl, über Ehemänner«, wiederholte ich mit sanfter Stimme, einer Stimme aus Milch und Honig, »Geehrte Anwesende, im Verlauf einer ereignislosen Existenz hatte ich Zeit, viel nachzudenken, und mein Nachdenken führte mich zu der Erkenntnis, daß man, wenn man einen Ehemann hat, den man aus eigenem freien Willen – ja manchmal sogar gegen eine Opposition – genommen hat, dann doch wenigstens zu ihm halten sollte. Nun, Charlotte, wo ist deiner? Was hast du mit ihm gemacht? Ist er hier? Und wenn nicht, warum ist er nicht hier? Wo ist er?«

Charlotte erhob sich eilig und bürstete sich den Sand aus den Falten ihres Kleides. »Ach, du hast dich kein bißchen verändert«, sagte sie mit einem kleinen Lachen, »du bist immer noch ebenso...«

»Albern?« schlug ich vor.

»Oh, das hab ich nicht gesagt. Was aber Bernhard angeht, so ist er dort, wo er immer war, auf dem Weg zu unsterblichem Ruhm. Nun, das weißt du ja. Du fragst bloß, weil deine Vorstellungen von den Pflichten einer Frau mittelalterlich sind – und weil du entsetzt bist. Nun, da mußt du eben über mich entsetzt sein. Ich habe ihn ein volles Jahr lang nicht mehr gesehen.« Zum Glück kam in diesem Augenblick Gertrud, denn ich war wirklich entsetzt. Gertrud watete durch den Sand auf uns zu mit einem Packen Briefe. Sie war auf dem Postamt gewesen, und da sie wußte, wie gern ich Briefe bekomme, hatte sie mich gesucht. Ungeduldig öffnete ich die Briefe und vergaß alles um mich her.

MARTHA GELLHORN

Bummeln auf Booten

Während des schrecklichen Jahres 1942 lebte ich sicher und behaglich in der Sonne, und ich haßte es. Nachrichten erreichten uns in regelmäßigen Abständen übers Radio, und keine war gut. Aber wir begriffen nicht, wie schlecht es stand. In Bröckchen und (wie ich jetzt sehe) geschickt zensiert, gaben uns die Nachrichten keinen Gesamtüberblick. Der einzige Krieg, den ich verstand oder den ich mir vorstellen konnte, war ein Krieg zu Lande. Und der erschütterte einen ja schon genug: Die Deutschen schwappten wie eine Flutwelle über Rußland hinweg, und Rommel trieb sein Unwesen in der Wüste. Ich glaube, meine Ignoranz war typisch. Das große Publikum – die meisten von uns gehören dazu – erkannte nicht, daß die tödliche Gefahr auf See lauerte. Wir würden den Krieg verloren haben, wenn wir weiterhin Schiffe in dem furchtbaren Ausmaß von 1942 verloren hätten: Frachtschiffe, von denen in den Ruhmesarien undankbarerweise kaum je die Rede ist; ohne die Großbritannien aber verhungert und unser Krieg von Rußland bis Nordafrika liegengeblieben wäre wie ein Motor ohne Treibstoff. 1508 alliierte Handelsschiffe mit insgesamt 8 336 258 Bruttoregistertonnen sanken in einem Jahr auf den Grund des Meeres. Ich kann mir das kaum selbst plastisch vor Augen führen, geschweige denn anderen. Ich komme der Sache wohl am nächsten, wenn ich es ein Zu-Tode-Bluten nenne.

Dann begannen die amerikanischen Nachrichtensendungen in großer Erregung über deutsche U-Boote zu berichten, die entlang der Ostküste der USA, im Golf von Mexiko, in der Karibik und sogar noch vor Brasilien Schiffe versenkten. Mir gefiel der Ton nicht. Es klang so prahlerisch, als wolle man uns weismachen, auch wir in unserer durch nichts zu erschütternden Sicherheit seien in Gefahr.

Was wir nicht waren. Es hat auf nordamerikanischem Boden seit 1865 keinen Krieg mehr gegeben. Das Leiden in Europa und im Fernen Osten entzog und entzieht sich dem amerikanischen Vorstellungsvermögen. Niemand weiß wirklich, was der moderne Krieg bedeutet, wenn er ihn nicht zu Hause erlebt hat. Aber ich zeigte Verfallserscheinungen: Statt dort zu sein, wo ich hingehörte, nämlich bei den Leuten, die mit ihren Leben zahlten, hörte ich vom Krieg am Radio. Also nahm ich einen kurzen Urlaub von meinen privaten Verpflichtungen und häuslichen Aufgaben, entfloh dem Radio und zog durch die Karibik, um über diesen Nebenkriegsschauplatz zu berichten und über die, wenn es sie überhaupt gab, unbedeutenden U-Boot-Aktivitäten in nahegelegenen Gewässern. Dreiundvierzig Jahre später brachte ich mich dazu, die Tatsachen herauszufinden, und entdeckte mit Bestürzung, daß allein 1942 in der Karibik 251 Handelsschiffe versenkt worden waren. Im August und September – das waren die Monate, in denen ich durch diese Gegend bummelte – waren die Verluste am größten: 71 Schiffe in 61 Tagen. Da ich damals davon weder eine Ahnung hatte noch hätte haben können, da dies Informationen höchster Geheimhaltungsstufe waren, versuchte ich mein Bestes mit dem schwachen Material, das mir zur Hand war. Ich liebe den Journalismus, er bringt immer eine Chance, etwas Neues zu sehen und zu lernen, und mich interessierte alles, was ich sah, ich war allerdings von der Bedeutung meines Auftrags nicht gerade überwältigt.

In Haiti erwarteten die dort ansässigen Deutschen, gut behandelte und vor Stolz platzende internierte Nazis, daß Deutschland im nächsten Jahr siegen und sie selbst zu mächtigen Gauleitern würden. Puerto Rico war jetzt ein riesiger See- und Luftstützpunkt; ich holte mir die Erlaubnis zu einem Flug mit einer Fliegenden Festung auf Anti-U-Boot-Patrouille. Die Mannschaft war prima, der Trip aber eher wie eine Busfahrt, die Flüge mit der CNAC hatten mich verwöhnt. Die kleinen braunen, sanften Puertoricaner, die in armseligen Slums wohnten und viel zu jung darin starben, waren die Leute, die mir am besten gefielen. Ihre Söhne bewarben sich eifrigst als

Freiwillige bei der US-Armee. Bei 50 Dollar im Monat und soviel Essen, wie sie wollten, war dies ihre erste Chance, ein annehmbares Leben zu führen.

Alle überlebenden Seeleute von torpedierten Handelsschiffen wurden nach Puerto Rico gebracht, ehe man sie auf anderen Schiffen wieder losschickte. Man erkannte sie sofort in den Bars entlang des Hafens: hagere Männer in neuen, billigen Zivilkleidern, die noch an einer besonderen Art von Feuerschock litten. Ich hing dort herum und hörte ihnen mit Mitleid und Bewunderung zu, aber es war mir klar, daß ich nicht wirklich begriff. Rettungsboote waren außerhalb meiner Erfahrung.

»Ich glaube, der zehnte Tag war ungefähr der schlimmste. Da gab ich fast ganz die Hoffnung auf.« – »Einer von den Kumpeln drehte ein bißchen durch, so um den vierzehnten Tag, weißt du noch, Bert?« – »Du sahst selber auch nicht gerade gut aus, John.« – »Du kannst es an ihren Augen ablesen, verstehst du, kriegen so'n Kuckucksblick. Hatte einen Kumpel, der wollte sich umbringen.« Ein einsamer Junge in der Condado-Bar erzählte mir immer wieder, daß Kapok viel besser sei als die alten Rettungsgürtel, Kapok gehöre in alle Schiffe. Er kam aus Brooklyn. Achtzehn Tage lang war er in einem Rettungsboot herumgetrieben. Er sprach von einem Mann, der sich in den Tauen eines Rettungsbootes verfing, kurz nachdem der Torpedo getroffen hatte. »Der Mann muß wohl gesprungen sein, aber nicht weit genug, und dann hing er da, verstehn Sie, also tot.« Wie war das denn in einem Rettungsboot? »Weiß nicht mehr, ich glaube, in Ordnung.«

Ich schrieb über solche Dinge, weil ich den Auftrag dazu hatte, und Charles Colebaugh, der rührend-nette Redakteur von Collier's, war damit zufrieden, ich jedoch nicht. Inzwischen wußte ich, daß in dieser Region Krieg herrschte, wenn er auch unter dem klaren blauen Wasser unsichtbar blieb, und es kam mir uninteressant und langweilig vor, über einen Krieg zu berichten, ohne Kampfhandlungen und eigene Beobachtungen schildern zu können. Es mußte eine bessere Möglichkeit geben, den Job anzugehen.

Um meine Spesen bei Collier's zu rechtfertigen, sagte ich mir, ich könnte doch Überlebende aus torpedierten Schiffen aufsammeln oder geheime Verstecke von U-Boot-Nachschub oder verborgene feindliche Funkgeräte aufspüren; jedenfalls fand der Krieg hier auf See statt, und daher sollte ich mich auch auf See begeben. Mein heimlicher Traum, den ich wohlweislich für mich behielt, war es, tatsächlich ein U-Boot zu sichten. St. Thomas, eine amerikanische Insel, war mit dem Flugzeug von Puerto Rico aus einfach zu erreichen. Danach gab's keine offizielle Weiterbeförderung mehr – bis zur nächsten amerikanischen Basis auf Antigua, etwa 275 Meilen entfernt, wie mir die Landkarte zeigte. Dazwischen lag eine Kette kleiner Inseln mit verlockenden Namen wie Tortola, Virgin Gorda, Anguilla, St. Martin und St. Barthélemy, Saba, St. Kitts. Was auch immer dabei herauskommen würde, ich bekäme eine unbekannte Welt zu sehen.

In St. Thomas versuchte ich, eine Schaluppe zu mieten. Ein alter Neger, der für den Handelsverkehr zwischen den Inseln Boote mit Vorkriegsstandard vermittelte, erklärte mir, niemand auf St. Thomas sei so dumm, in der Hurrikansaison den Hafen zu verlassen. Weder er noch sonstwer von den Ortsansässigen mache sich um U-Boote Sorgen, aber um Hurrikane sehr wohl, und ihre Bibel, ein Almanach für die Gegend, sage einen schlimmen Sturm für diesen Monat voraus. Als ich die hier lebenden Weißen um Rat fragte, fragten sie zurück, ob ich denn nicht von den U-Booten gehört hätte, fast gleich nebenan in der Anegada-Passage. Sie sagten mir auch, kein Weißer könne in diesen Schaluppen der Einheimischen reisen. Ich solle besser bis nach dem Krieg warten und eine Yacht mieten wie jeder andere.

Da über mein Vorhaben auf der Insel geredet wurde, hatte das den Besuch eines vierschrötigen Texas-Majors zur Folge, dem man die Wache über die Insel anvertraut hatte. Er brachte mir eine Miniatur-Derringer mit Perlmuttgriff und Silberplattierung. Sie sah genauso aus wie eine Waffe für eine Geistesgestörte im Negligé, aufgeputzt mit Straußenfedern, die vor hat, ihren Liebhaber zu erschießen. Er gab mir vier Kugeln, stumpfe zweiunddreißiger, zeigte mir, wie man dieses todbringende Spielzeug lud, und sagte ganz ernsthaft, daß die Pistole einen Mann in zwei Hälften pusten würde, und ich solle nicht zögern, sie zu gebrauchen. »Sie wissen ja gar nicht, was alles passieren kann, wenn Sie ganz allein da draußen sind.«

Ich sagte, ich könne seine wertvolle Pistole nicht annehmen, hätte noch nie eine Handfeuerwaffe gebraucht und sei niemals um meine Ehre besorgt. Er blieb aber hartnäckig, bis ich mich schließlich bedankte, das hübsche Ding in Kleenex wickelte, die Kugeln in einen Luftpostumschlag steckte und das Ganze unten in meinem Koffer vergrub. Irgendwo auf der Reise muß ich sie dann versenkt haben. Nach diesem Komödienauftakt brach ich in einem uralten Motorboot nach Tortola auf, ein Vier-Stunden-Trip.

Mein Herz hüpfte vor Freude. Das tut es immer, außer bei Regen, sobald ich merke, daß ich nicht mehr nach der Landkarte reise. Und unheilbar ist das Leiden auch. Das Motorboot kippte mich – durchnäßt von Gischt, aber in bester Stimmung – in Roadtown an Land, einem Haufen ungestrichener Hütten entlang einer staubigen Straße. Es gab zehn weiße Inselbewohner und 7000 Schwarze, keine Autos, einige Fahrräder und ein Taxi: ein Ruderboot. Der britische Kommissar, gleichzeitig Arzt, der den kleinen Vorrat an Arzneien verwaltete, war auch noch Friedensrichter und Herausgeber der mit der Hand vervielfältigten Zeitung, und er fand kein Gefallen an meinem Vorhaben, aber reichte mich weiter an den örtlichen Krämer, Mr. de Castro, einen weißhaarigen, würdevollen Schwarzen.

Mr. de Castro machte mich mit seinem Sohn Carlton bekannt, dem Besitzer eines Kartoffelboots namens Pilot, einer zehn Meter langen Schaluppe mit einem Segel und dem Kartoffelbehälter. Die Fracht wurde von Insel zu Insel verkauft, auf der Rückfahrt nahm man mit, was immer zum Kauf angeboten wurde, vornehmlich Rum und Tabak, die man vorzugsweise auf die heimatliche Insel schmuggelte.

Carlton de Castro war der Star von Tortola, fünfundzwanzig Jahre alt, kaffeebraun, mit gebogenen Augenwimpern, gelockten Koteletten und goldenen Schneidezähnen. Er trug seine Kapitänsmütze über einem Ohr und hatte eine drollige Art, sich zu geben – wie ein Pariser Nachtclub-Apache, der den Seemann spielt. Sein Boot, so sagte er, sei »sauber wie Feuer«, aber er war wegen des »hurry-cane« nicht sehr wild auf den Trip. Ich hielt ihm Banknoten von Collier's unter die Nase und korrumpierte ihn. Am nächsten Morgen würden wir auslaufen.

In der Zwischenzeit ging ich einkaufen, denn ich mußte mich ja ernähren. Carlton wollte zwei Fässer mit Wasser und Steine als Ballast beibringen, der Rest war von mir zu besorgen. Ich erstand die übliche, scheußliche Notverpflegung wie Dosen mit Bohnen, Sardinen, Tee, Kekse und ein Objekt, das sich Super-Sanitär-Kübel nannte, aus grauem glänzenden Email; schließlich noch einen großen schwarzen Regenschirm als Schutz vor Sonnenbrand. Der Kommissar lieh mir großzügigerweise zwei Militärdecken und ein Kopfkissen.

Dann schüttete es vom Himmel, als wollte es niemals mehr aufhören. Das Meer sah aus wie frisch gerührter Zement. Es verschlug mich in den Social Inn, eine kaum erklärliche Herberge – warum sollte sich auch jemand hierher verirren? – mit zwei schmutzigen Schlafzimmern, in denen Bierflaschen und Zigarettenkippen in die Ecken gefegt worden waren, Andenken an die Überlebenden von einem englischen Schiff, die vor ein paar Tagen nach Puerto Rico geschafft worden waren. Regen stob durch die Fensterläden und unter der Tür hindurch. Es gab kein elektrisches Licht, schlimm für jemanden, der gern liest, und der einzige Platz zum Sitzen war unter dem fleckigen Moskitonetz auf dem Rand des Himmelbetts. Ich fürchtete, alles in Brand zu setzen, wenn ich eine Kerosinlampe unter dieses Zelt mitnahm. Der Social Inn erinnerte mich an das Palace Hotel in Kweilin, wenn es auch keine Wanzen gab, und für kleine Gnaden muß man stets dankbar sein. Es regnete und regnete. Ich saß zwischen meinen Konservendosen, aß ab und zu daraus und las Krimis, solange das schwache Tageslicht anhielt.

Von Zeit zu Zeit wagte ich mich unter meinem neuen Regenschirm in den strömenden Regen hinaus, um den einzigen Patienten im Ein-Zimmer-Hospital zu besuchen, einen jüdischen Flüchtling aus Wien, der, wie ich glaubte, wohl im Sterben lag; er war so gelb und dünn und vom Fieber ausgezehrt. Wahrscheinlich hatte er Malaria und Gelbsucht. Er war den Nazi-Gaskammern entkommen und hatte auch den »Blitz« in London als Feuerwächter überlebt. Durch eine wirre Laune des Schicksals, wie sie Kriege kennzeichnen, war dieser Mann, ursprünglich Parfümhersteller, von der britischen Regierung nach Tortola geschickt worden, damit er eine Tabakindustrie aufbaute. Natürlich konnte man Tabak hier nicht anpflanzen, und er wollte entweder sterben, um der hoffnungslosen Langeweile der Insel zu entkommen, oder nach England zurückkehren und in die britische Armee eintreten. Er besaß eine klarere Vorstellung über die Gründe, die zu diesem Krieg geführt hatten, als irgend jemand sonst hier in der Gegend und war wild entschlossen, aktiv an ihm teilzunehmen.

Ich kam mir hartherzig vor, ihn hier sterben zu lassen unter zwar freundlichen, aber doch verständnislosen Fremden. Aber wenigstens konnte er mit mir reden, wir kannten beide die Nazis, uns verband der Haß auf sie. Aber als nach drei Tagen der Regen aufhörte, sagte ich auf Wiedersehen und versicherte ihm wider besseres Wissen, er werde genesen. Vielleicht ein Jahr später schickte er mir ein Foto von einem rundlichen, lächelnden Mann. Weihnachtskarten folgten. Er hatte sich auf St. Thomas niedergelassen, war verheiratet, hatte geschäftlich irgendwie mit Parfum zu tun und war von seinem neuen Leben entzückt. Ich liebe Happy-Ends und ganz besonders solche aus jenem Krieg. Es gab viel zu wenige davon.

Die Pilot setzte um sieben Uhr morgens Segel; ich winkte den Zuschauern huldvoll zu, Mr. de Castro senior und einem älteren Amerikaner, dessen Sohn in Australien stationiert war. Der Amerikaner hatte mir die Hand geschüttelt, wie man nach einer Beerdigung die Hinterbliebenen begrüßt, und gesagt: »Meine Liebe, ich hoffe, Sie wissen, was Sie tun.« Vor mir liegen zwei vergilbte und unscharfe kleine Schnappschüsse von der Pilot mit der Mannschaft und mir, und ich verstehe jetzt sein Aufnimmerwiedersehen-Verhalten. Die Pilot auf See sieht aus wie die Zelluloidschiffchen, mit denen Kinder in Badewannen spielen. Auf dem anderen Foto bin ich vorn in der Mitte zu sehen, in meinem Reiseaufzug, bestehend aus kurzen Shorts, Hemd, Sandalen, umgeben von barfüßigen schwarzen Männern: Carlton (Cahltin) mit einem schicken bunten Tuch um den Hals; George (Gawge), ein netter Riese mit randlosem Filzhut und ausgefransten Hosen bis zur Wade; Walter (Walteh) in schmutziger, ärmelloser Weste und Shorts; Voosten, nackt bis zur Taille, und Irvine, in einem Hemd, das er offen und flatternd wie einen Mantel über Unterhosen trug. Sie sehen aus wie Bösewichter. Ich hielt sie für nette Burschen, bis auf Carlton, der mir zu eitel war. Und das dubiose Boot machte mir keine Sorge.

Die Pilot war einmal weiß gewesen. Das Deck fiel nach hinten ab, ohne Handlauf. Die Kajüte war anderthalb Meter lang, breit und hoch; ich konnte darin weder stehen noch liegen oder gar sitzen, denn es war darin so heiß wie in einer Sauna. Mittschiffs auf der Backbordseite war ein kleines Beiboot an Deck festgezurrt. Man sah Wurmlöcher darin, und es gab nur ein Ruder. Bestenfalls hätte es drei Leute gefaßt, ehe es vollief und sank. Es gab keine Rettungsgürtel, keinen Sextanten, kein Logbuch, kein Barometer und keine Seekarten. Ein Kompaß baumelte am Heck an der Ruderpinne. Das einzige Segel glich einer Patchwork-Bettdecke.

Das Beiboot war nicht so lang, wie ich groß bin. Carlton legte die Lukenabdeckung so hinein, daß sich eine Art Liegesitz ergab, konvex über zwei Drittel der Länge, dann ein Knick und ein konkaves Stück. Ich breitete auf dieser Fläche die Decken aus, schob das Kissen an ein Ende, meine Beine unter den Sitz und ließ mich mit dem Schirm als Schattenspender häuslich nieder. Nun mußte ich mich nur noch ducken, wenn der Baum herüberschwang. Das Meer sah völlig ruhig aus, aber das täuschte. Lange Wellen bewegten sich wie Muskeln unter der Meereshaut. Die Pilot senkte und hob sich in kurzen, ruckartigen Bewegungen. Soweit es ging, legte ich mich in dem Beiboot zurück. Ich fühlte mich nicht sonderlich gut, weigerte mich aber, darüber nachzudenken. Wenn dies das beste Verhalten der Pilot bei bestem Wetter war, dann zog ich es vor, nicht weiter vorauszuschauen. Stunden später, wir segelten noch immer an den Küsten Tortolas entlang, wurden wir von einem anderen kleinen Segelboot begrüßt.

Carlton rief den Vorbeisegelnden, einem alten Mann mit Sohn, zu: »Wassachste, Mann, wassachste?«

Der alte Mann schrie: »Oh, Gott, Mann, wohin gehste?«

»Ganz umme Welt, Junge.«

»Was für Fracht?« fragte der Sohn.

»De Dame«, sagte Carlton, woraufhin alle Männer auf beiden Booten vor Lachen kreischten.

Fünf Stunden später begann die Mannschaft sich anzubrüllen. Das war die Art und Weise, wie Befehle gegeben und befolgt wurden. Es war Nachmittag, und wir machten am Pier des wunderschönen Strands von Virgin Gorda fest, weil Irvine Geld von seiner Frau holen wollte. »Sie hat de Kasse«, sagte er. Mit Collier's-Dollars, aufgeteilt nach Rang, und mit ihren eigenen konnte jeder Mann kaufen, was er wollte, und es verkaufen, wo er konnte – freier Warenverkehr ohne Kontrollen.

Ein Neger mit weißem Haar und Schnurrbart, einem weißen Tropenhelm und rosafarbener Sonnenbrille empfing mich im Namen Seiner Majestät von Großbritannien. Es war Mr. Samuel Flax, der Regierungsvertreter für diese Insel. Er stiftete mir einen Dosenöffner, da ich meinen im Social Inn hatte liegenlassen, und führte mich zu der schönsten Bucht, die ich bisher in der ganzen Welt gesehen hatte. »Oh, Moddom, der Krieg ist sehr schwer«, sagte Mr. Flax. »Wir bekommen kein Mehl und so was, fast. Und die armen Männer, wo werden torpediert. Ja, Moddom, wir können nur hoffen, daß der Allmächtige uns beschützt.«

Der Krieg schien zu fern, um wahr zu sein; es gab nichts zu tun für den Allmächtigen auf Virgin Gorda, und diese kleine Bucht war eine Stelle, an der sich seit Anbeginn der Zeiten nichts geändert hatte, ein Halbkreis aus weißem Sand, an den Seiten gerahmt von gewaltigen, fast kubischen, glatten Felsen, die sich übereinanderschoben und so kühle Höhlen formten, mit türkisblauem Wasser über dem gefurchten Sand des Meeresbodens. George schlug ein paar Kokosnüsse auf, aus denen ich trank. Mr. Flax warnte mich davor, die Blätter des Manchineelbaums zu berühren, wenn meine Haut naß sei, weil ich dann Blasen, so groß wie ein Zwei-Schilling-Stück, bekäme. Und dann überließen sie mich einer der größten Freuden im Leben – nackt in einem sauberen tropischen Meer zu schwimmen.

Um zehn an diesem Abend segelten wir weiter. Der Mond stand am Himmel, voll und klar; der Himmel war samtschwarz, mit Sternen bestäubt, also jener Himmel, der auf Kreuzschiffen romantische Liebesaffären heraufbeschwört. Wir steuerten geradewegs auf die Anegada-Passage zu, ein geheimnisvoller Name, berüchtigt als Jagdrevier der U-Boote. Diese Strecke war die längste der Route, neunzig Meilen zwischen Virgin Gorda und Anguilla. Wenn ich auch meine Matratze aus Lukenplanen mit gemischten Gefühlen benutzte, von der Schönheit, der Ruhe, der unermeßlichen Weite des Raums war ich hingerissen, auch aufgeregt, denn nun bewegten wir uns ja in einer richtigen Kriegszone; wer konnte wissen, was noch geschehen würde? Es begann wieder zu regnen, ich kauerte unter meinem Schirm, und es war überraschend kalt. Die Nacht entwickelte die unangenehmste Qualität aller Nächte, nämlich lang zu sein. Bei Sonnenaufgang lag Virgin Gorda noch in Reichweite eines Schwimmers. Mittags war die Insel immer noch nah. Der Wind blähte kaum das Segel.

Das Besondere an der *Pilot* bei Flaute war, daß sie auf der Stelle eine Gigue wie auf Schlaglöchern tanzte. Flaute, das klingt nach Sichtreibenlassen auf einer Luftmatratze im Swimmingpool. So war es nicht, jedenfalls nicht auf der Pilot. »Gigue« ist auch nicht ganz richtig, es war mehr ein gleichzeitiges Stoßen und Rollen. Am vorigen Tag, als der Wind den Geruch wegblies, hielt ich die Mahlzeiten der Mannschaft einfach nur für grobes Zeug. Gawge, der Koch, stellte ein Holzkohleöfchen neben dem Beiboot auf, wohl weil das verhinderte, daß Öfchen und Töpfe und Lebensmittel von Deck schlingerten. Er buk dann ein Pfannenbrot namens »Dumb Johnny Cake«, machte Tee und Reis mit Fisch und Zwiebeln. In der windstillen Hitze aber, während die Sonne auf meinen Sonnenschirm und das Öfchen neben mir glühte, wurde mir von dem Geruch des Fischs und der Zwiebel im Verbund mit dem rollenden Gigue-Tanzen des Boots ausgesprochen übel. Ich hatte keine Seekrankheit vorhergesehen, und ich konnte mich auch nur erinnern, zweimal richtig seekrank gewesen zu sein, aber ich wußte noch gut, daß dies eines der übelsten Leiden des Fleisches ist, die einem widerfahren können. Ich erreichte nie das aktive Stadium der Krankheit; mir war nur andauernd speiübel.

In diesem abgestumpften Zustand reduzierte ich meine Hoffnung auf ein einziges Ziel im Leben: nur runter von der Pilot. Dies geschah Jahre, bevor ich den geistigen und medizinischen Wert von Alkohol erkannte; wenn ich allein reiste, führte ich keinen mit.

»George, wie lang war die längste Flaute, in der ihr je gesteckt habt?«

»So zehn Tage, meine ich.«

Schon war mir klar, warum die Überlebenden in Puerto Rico von Männern erzählten, die durchdrehten, die aus ihren Rettungsbooten springen wollten. Wie konnten sie nur zehn Tage, achtzehn Tage ohne Schutz vor dieser unbarmherzigen Sonne aushalten, in noch kleineren Booten treibend, erschöpft von der unaufhörlichen Bewegung, mit knappen Rationen oder gar keinen, mit einem Schluck Wasser am Tag bei quälendem Durst?

»George, wenn wir fünf Tage in der Flaute liegen, springe ich über Bord. Zehn Tage halte ich nicht aus.«

Er lachte. »Redense kein Unsinn, wir werd'n hier nich länga rumhäng'n.«

»George, bist du mit dem Kochen fertig?«

»Ja, 'm, nehm's Essen mit für die Jungs.«

Aber der Geruch hielt sich.

Weit im Norden zogen Wolkenstreifen über den Himmel. Drei

schwarze Vögel, die aussahen wie Dornier-Flugzeuge, flogen, scharf konturiert, mit weit ausgebreiteten, unbewegten Flügeln, hoch über uns.

Ich rief Irvine am Ruder zu: »Was sind das für Vögel?«

»Kenn'n Namen nich. Wir nennense einfach Hurry-Cane-Vögel.«

Für gewöhnlich sprachen die Männer untereinander Karibik-Englisch, ein unentwirrbares Sprachknäuel. Für mich verwendeten sie ihre Version von reinem Englisch. Wenn sie sprachen, klang es so, als bellten sie sich gegenseitig an, und jeder Satz hatte am Ende den Tonfall einer Frage. Jetzt, da das Segel schlaff herunterhing, schliefen sie im Laderaum. Irvine nickte am Ruder ein. Ich hatte Bücher bei mir, konnte aber nicht lesen, weil das pausenlose Stampfen die Buchstaben auf den Seiten hüpfen ließ und sich ein bohrender Kopfschmerz zu meiner Übelkeit gesellte. Ich beobachtete das Meer, in der Hoffnung, weit weg einen Geleitzug zu sehen, ein Patrouillenflugzeug, irgend etwas, was die Monotonie durchbrach, und wurde aufgemuntert von vier fliegenden Fischen.

Gegen Nachmittag erschienen aus dem Nichts Schwärme von winzigen, durchsichtigen, roten Ameisen und fingen an, mich zu beißen. In der Morgendämmerung hatte ich den zerdrückten Leib einer sehr dicken Spinne auf meinem Kissen gefunden und sofort im Boot nach dem Gefährten gesucht, aber vergeblich. Sie sah aus wie eine jüngere Tarantel mit haarigen Beinen, aber grau und nicht schwarz. Da ich mich noch bewegen konnte, schien es mir ein guter Zeitpunkt zu sein, das Schiff von Insekten zu reinigen, von kräftigen, zirpenden Kakerlaken in der Kajüte und diesen wahnsinnig machenden Ameisen. Ich kroch aus dem Beiboot und taumelte zur Kajüte, um Flit zu holen. Die Kajüte war mein Lagerraum und mein Badezimmer, der Standort des Super-Sanitär-Eimers und eines Kübels Seewasser zum Duschen.

Als ich Flit versprühte, erfaßte eine plötzliche Brise, nicht mehr als ein Flüstern von Wind, meinen Schirm, den ich dummerweise offen im Beiboot gelassen hatte, und trug ihn weg. Ich sah, wie er versank, wogend wie der Badeanzug einer altmodischen Dame, und ich kämpfte mit den Tränen. Es war, als hätte ich meinen letzten Freund auf Erden verloren. Zu all der Übelkeit würde ich jetzt auch noch schmerzhaft tomatenrot verbrennen, Brandblasen bekommen, mich pellen, nur damit die neue Haut wieder verbrannte. »War'n schönen Schirm«, sagte George mitfühlend. Tief in einer Grube von Selbstmitleid sitzend, sagte ich mir, der versunkene Schirm sei nun einfach zuviel. Warum nur, warum war ich mit der falschen Haut geboren worden, wo ich doch die Sonne so verehre? Protest aus Kindermund klingt so: »Das ist ungerecht.« Es ist ungerecht, dachte ich. Sind Ameisen und Seekrankheit und dieses stilliegende Boot nicht schon genug? Und hätte fast losgeheult über meinen Schirm.

Ich hatte keine Ahnung gehabt, daß ein Tag so lang dauern kann. Wenn er sich auch von den endlosen Tagen in China unterschied, er war kaum weniger schlimm.

In der Nacht kam eine Brise auf. Wieder öffnete sich der Himmel, um Regen herunterzuschütten, aber wir kamen vorwärts. Die Mannschaft ruhte sich abwechselnd auf Steinen im Lagerraum aus. Ich lag naß und frierend im Beiboot und flehte den Wind an, nicht aufzuhören – ja, das ist ein guter Wind, blas, blas, hör um Gottes willen nicht auf. Meine Zaubersprüche versagten. Wir waren zwar am Morgen nicht mehr in Sichtweite von Land, aber die Flaute war wieder da. Carlton war trübsinnig. Ich noch mehr, betrachtete es aber als schlecht für die Moral, wenn der Passagier Anzeichen von Ängstlichkeit zeigte.

»Gefällt mir nich«, sagte Carlton.

»Warum?«

»Einfach, gefällt mir nich.«

»Glauben Sie, irgendwo entwickelt sich ein Hurrikan?«

»Kann's nich sagen.«

»Was dann sonst?«

»Weiß nich, wann wir da ankommen. Ham uns kaum bewegt die ganze Nacht. De Brise is wieda weg, sehn Se?«

Ich versuchte, mir aus einer Decke, die ich über das Beiboot legte, ein Halbzelt zu machen, aber erstickte fast darunter, naß vor

Schweiß. Ich dachte, ich sollte zur Abwechslung mal über Deck laufen und fiel auf meinen unsicheren Beinen fast über Bord. Die Mannschaft zog sich in den Laderaum zurück, schweigsam, sich langweilend. Bis auf den Mann am Ruder, das uns nirgendwohin steuerte. Ich saß in der Kajüte auf dem Boden; ich war nicht in der Lage gewesen, alle Kakerlaken zu töten, und sie machten mich wild. Zurück ins Beiboot, in dem ich über meinem heimlichen Traum für diese Reise brütete:

Während ich in der Nacht durch diese U-Boot-verseuchten Gewässer segelte, würde in der Nähe einer kleinen Insel ein Periskop aus der Karibik auftauchen, gefolgt von den Haifischflanken dieses Unterwassermörders. U-Boote mußten ja auftauchen, um ihre Batterie neu aufzuladen (ich wußte damals so wenig wie heute, wovon ich rede). Sie brauchten Trinkwasser, würden ein Boot an Land schicken, um ihre Fässer aufzufüllen, oder was immer U-Boote verwendeten. Blind vor Kopfschmerzen und Übelkeit, dazu rot gebraten, rolle ich wie eine Wurst auf der Plane herum, und die Pilot stampfte und verhöhnte mich. Was wollte ich noch sagen, wenn dieser denkwürdige Augenblick stattfand? »Guten Abend, Herr Kapitän, wie geht's?« Ich hoffte, ein U-Boot käme hoch aus der See und versenkte uns, jetzt auf der Stelle. Nur zwei Tage und zwei Nächte dieser Art, und ich war ein Fall für die Klapsmühle.

Warum plärrten die ausgemergelten überlebenden Seeleute nicht wie Verrückte, wenn sie schließlich Land erreichten oder endlich auf See aufgefischt wurden? Ich hätte besser daran getan, nach meinem kleinen Probelauf auf der *Pilot* von ihren Qualen zu schreiben. Und nicht, wie ich's in Puerto Rico getan hatte, nachdem ich sie in Bars getroffen und ohne Erfolg versucht hatte zu verstehen, was sie mitgemacht hatten. Ich nahm an, daß es sich in dem Augenblick, wenn der Torpedo traf, anfühlte wie ein Artillerievolltreffer auf ein Gebäude. Soweit konnte ich ihren Geschichten noch folgen, aber nur bis zum Augenblick des Auftreffens. Über Explosionen konnte ich mitreden.

Meine Vorstellungskraft reichte nicht aus, mir die Nachwirkungen, die Rettungsboote, vorzustellen, wenn die Überlebenden untereinander die Tage verglichen, die sie herumgetrieben waren, ehe man sie rettete. Nun aber gelang es mir, diese Tage voller Qualen nachzuempfinden, und ich fand es viel schrecklicher, von einem versteckten Gegner auf See angegriffen zu werden, als irgend etwas, was zu Lande geschah. Auf dem Land konnte man, wenn man noch lebte, wegkriechen oder ausgegraben oder weggebracht werden, Hilfe erhalten; man mußte nicht hilflos tagelang auf dem Wasser warten, ohne je zu wissen, wie das Ende sein würde. Wie viele starben in den Rettungsbooten vor Erschöpfung, mit ausgedörrten Körpern, wie viele starben an unversorgten Wunden? Die Überlebenden hatten nichts darüber gesagt.

Es ist wahr, daß wir ein Reservoir persönlicher Erfahrungen brauchen, um Verständnis zu entwickeln. Jede neue Erfahrung speist das Reservoir, die kleinste hilft.

Irvine, der wieder an der nutzlosen Ruderpinne stand, sagte: »Müssen ja irgendwann ankommen.« Er war ein netter Mensch.

»Ich glaube es nicht.«

»Wir müssen, muß gehn.«

In der Nacht peitschte wieder der Regen das Meer. Wenn man in einem Rettungsboot triebe, käme der Regen bestimmt wie vom Himmel geschickt, würde in allem, was Wasser nur fassen kann, gesammelt werden. Nach einem brennenden Tag kam es mir wie eine weitere Ungerechtigkeit vor, unter einer nassen Decke in nasser Kleidung schlottern zu müssen. Aber ich war schon über das Stadium der Empörung hinaus, war in der von geballter Unbequemlichkeit und Langeweile ausgelösten Lethargie versackt, die das echte Zeichen einer wahren Schreckensreise ist. Die Bewegung der *Pilot* schien unverändert zu sein – Rollen und Stoßen, Rollen und Stoßen.

Ich muß gedöst haben, als der Wind das Segel blähte, und wurde von Walteh am Ruder geweckt, der rief: »Cahltin, komm und kuck! Anguilla da vorne!« Die Nacht war schwarz, ohne jeden Stern, und doch sahen sie Land, eine dunklere Linie gegen das Meer. Wir würden sicher nicht umgehend in Anguilla ankommen, aber daß Land in Sicht war, ließ Hoffnung aufkeimen. Als wir morgens um acht ankerten, sagte Carlton mit so feierlicher Stimme wie Kolumbus, als er die Neue Welt entdeckte: »Schließlich haben wir es erreicht.« Es hatte drei Nächte und zwei Tage gedauert, neunzig Meilen durch die Anegada-Passage zu segeln, diese gefährliche Kriegszone, und an aufregenden Dingen waren uns drei Hurrikan-Vögel und vier fliegende Fische begegnet.

Carltons Schwiegermutter lebte auf Anguilla. Wir kletterten einen Hügel hinauf, der sich unter meinen Füßen bewegte, und einen felsigen Pfad entlang, der ebenfalls sanft wogte; ich hätte noch auf der Pilot sein können. In der Tür einer baufälligen Bude begrüßte mich eine alte farbige Frau in knittrigen Baumwollstrümpfen und einem verschossenen Sack aus Kretonne, von einer Sicherheitsnadel zusammengehalten; sie hieß die Heimatlosen und Seekranken in ihrem Schloß willkommen. »Ich bin Mutter Stoughten«, sagte sie. »Wir sind alle Fremde in einem fremden Land.« Es klang, als läse sie aus der Bibel vor, sehr anmutig. Mittels einer Waschschüssel und eines Eimers mit Wasser konnte ich in dem kargen Raum ein Bad nehmen. Mutter Stoughten schickte ein Kind los, von einem Nachbarn Bretter zu borgen, damit ich auf dem Gästebett ruhen konnte, einem leeren Eisengestell. Von einem andern Nachbarn lieh sie Eier und zwei Tassen, und in kürzester Zeit fütterte sie uns mit einem köstlichen Frühstück aus Eiern und trockenem, schwerem Brot und schwarzem Tee.

»Lieber Junge«, sagte Mutter Stoughten zu Carlton, »weißt du nicht, wieviel Angst du andern bereitest, wenn du in diesem Monat herumfährst?«

Carlton murmelte etwas.

»Es ist sehr rücksichtslos von dir.«

»Werd keinen Ärger kriegen«, sagte Carlton in seine Tasse hinein.

»Ahja«, seufzte sie. Da Carlton aus der großen Welt kam, denn Tortola war im Vergleich zu Anguilla das Zentrum der Zivilisation, sagte sie: »Was für Nachrichten gibt es vom Krieg?« Sie sprach immer mit diesem kultivierten Akzent, der jetzt so klang, als rezitiere sie Gedichte.

»Immer gleiche«, sagte Carlton.

»Haben sie die Marne schon erreicht?«

»Nein, 'm.«

»Gut so«, sagte Mutter Stoughten glücklich.

Ein Zeitschriftenfoto von Prinzessin Elisabeth und Prinzessin Margaret war an die Wand geheftet, zwei blonde Mädchen, die Arme umeinandergelegt, und ein korrekt koloriertes Foto von König und Königin in Krone und Hermelin. »Wir wollen hoffen, daß der Krieg bald vorbei ist«, sagte Mutter Stoughten. »Im Namen aller armen Leute. Ich vertraue darauf, daß es der königlichen Familie gutgeht. Wenn Sie sich ausgeruht haben, meine Liebe, wird Sie unser Magistrat empfangen wollen.«

Ich fragte mich verblüfft, wozu wohl Anguilla einen Magistrat brauchte. Die Bevölkerung schien in einem Dutzend Hütten, ähnlich der von Mutter Stoughten, konzentriert zu sein, um Pfade herum verstreut in der unmittelbaren Nähe dichten Buschwerks. Da es also einen Magistrat gab, erforderte das Protokoll einen Besuch. Der Magistrat wohnte in einem großen, kahlen Haus auf einem kahlen Hügel und war ein farbiger Arzt, der in Schottland ausgebildet worden war. Sein Mobiliar war ärmlich, doch der Raum war reichlich geschmückt mit Lithographien von zotteligen Bergziegen oder vielleicht Schafen und Glockenblumen, von Glen Nevis, der Beschriftung nach, und mit Ansichten von Edinburgh Castle und mit Gruppenfotos, auf denen der Arzt als junger Mann mit einer schottischen Baskenmütze auf dem Kopf unter weißen Freunden in Kilts zu sehen war. Sein Wohnzimmer schrie vor Heimweh nach diesem fernen, kalten Land.

Er lud mich zu einem frühen Lunch ein, warnte mich aber, es werde nicht gut sein. Offenbar pflanzten die Leute hier kein Gemüse an, vielleicht war Gemüse nie Teil ihrer Ernährung gewesen. Als Früchte hatten sie Bananen und Mangos, die von selbst wuchsen. Ihre ständige Sorge war die Knappheit an Mehl. Wenn Mehl überhaupt kam, dann auf wenig verläßlichen Handelsbooten wie der *Pilot*. Wenn es Fleisch gab, dann wahrscheinlich von Ziegen am Ort und sehr zäh.

Wir aßen Ziegenfleisch und als besondere Leckerei zum Dessert Pfirsiche aus der Dose; dabei erzählt der Doktor von Schottland. Nach dem Essen brachte er mich genauso elegant und höflich wie Mutter Stoughten zum Pier zurück, wo Carlton wartete. Am Pier lagen zwei auf Strand gesetzte Rettungsboote, ein Stahlboot mit Motor und Sonnensegel vom amerikanischen Frachter *Thomas McKean* und ein großes, offenes Ruderboot, so wie früher alle Rettungsboote waren, von einem englischen Schiff. Die Amerikaner waren hier nach acht Tagen gelandet, was schon schlimm genug war. Die Engländer waren dreiundzwanzig Tage auf dem Meer herumgetrieben, und der Magistrat-Doktor sagte, die Männer seien furchtbar krank gewesen. Wir sahen schweigend die Boote an. Die Insel Anguilla war weit weg von der Welt, so weit, wie man nur weg sein kann, doch der Krieg war an ihr Ufer geschwappt. Die Wirkung war wie ein Traum, wunderlich, unglaublich, als hätte es Steine geregnet.

Als der Doktor sich von seinen schönen Erinnerungen an Schottland losreißen konnte, erklärte er mir eine politische Verirrung aus jüngster Zeit. Den französischen Inseln war unter dem Vichy-Regime verboten worden, Fremde zu empfangen. Das brachte jedermann in Verlegenheit und zog unangenehme Verdächtigungen nach sich. Seit die französischen Inseln also geschlossen waren, verbreiteten sich Gerüchte. Die französischen Inselbewohner wurden beschuldigt, den Deutschen zu helfen. Ich hatte schon auf St. Thomas davon gehört. Der Doktor sagte, es sei unmöglich, er kenne die Leute von St. Martin gut, es seien anständige Leute wie die Leute auf Anguilla, wie alle Leute auf diesen kleinen Inseln. Sie würden niemals den Deutschen mit ihrer Grausamkeit beistehen. »Töten da unschuldige Seeleute«, sagte der Doktor, so als ob dies das schlimmste aller Verbrechen wäre und nicht zum üblichen Kriegsgeschehen zählte.

Er gab mir einen Brief mit an seinen Kollegen, den weißen Bürgermeister von Marigot, auf der französischen Seite von St. Martin, einer einzigartigen Insel, die halb französisch, halb holländisch ist. Um St. Martin herumzusegeln, zur Seite der verbündeten Holländer, würde einen Tag lang dauern, falls der Wind mitmachte, wogegen wir die französische Seite gegenüber von Anguilla vor Einbruch der Nacht erreichen konnten. Der Bürgermeister von Marigot war ein zivilisierter Mensch und würde mir, obwohl ich nach Vichy-Recht feindliche Ausländerin war, sicherlich erlauben, zu landen und mit dem Taxi auf die holländische Seite zu fahren. »Es ist sehr dumm und traurig«, sagte der Doktor, »wir haben auf diesen Inseln immer in Freundschaft zusammengelebt. Wir sind uns untereinander immer willkommen gewesen. Wir sind doch alle menschliche Wesen und Nachbarn.«

St. Martin wirkte so nah, als könne man leicht hinüberrudern. Die schnelle *Pilot* zockelte in fünf Stunden hinüber. Wir ankerten kurz vor Sonnenuntergang. Eine Stunde früher beobachtete ich von meinem Parkettplatz im Beiboot aus eine hochformelle Zeremonie. Walteh, der Schmutzigste der Crew, zog aus der Hosentasche eine kleine, zerknitterte Union-Jack-Flagge. Carlton hatte sich umgezogen, er trug eine bizarre Kostümierung, möglicherweise, um so den Franzosen imponieren zu können. Sie bestand aus einer blauen Satin-Lastex-Badehose, bedruckt mit gelben Palmen und tropischen Vögeln. Als Kapitän überwachte er, Haltung annehmend, das Hissen der Flagge. Als Irvine seine Arbeit beendet hatte und die Fahne an der Mastspitze flatterte, sahen sie mit Stolz zu ihr hinauf.

»Seid ihr denn alle Engländer?« fragte ich.

»Ja, 'm«, sagte Irvine, »de andern wechseln. Auf St. Thomas sinse jetzt amerikanisch. Alle wechseln, aber wir bleib'n imma de selben ollen Engländer.«

Mehr ruckend als segelnd kamen wir an der Buhne vorbei in den Hafen. Ein weißes Haus mit rotem Dach, ein weißes Haus mit schwarzen Fensterläden, ein gelbes Haus standen aufgereiht hinter dem grauen steinernen Damm. Zwischen dem Damm und den Häusern spielten Männer Boule. Hinter diesem sehr französischen Mittelmeereindruck säumten dreistöckige Holzhäuser die einzige staubige Straße von Marigot, aneinandergebaut wie französische Stadthäuser, jedes mit langen Fenstern und langen Fensterläden hinter den Balkonen im zweiten Stockwerk, jeder dekoriert mit kuriosem Gitterwerk. Französisch-viktorianische New-Orleans-Architektur, dachte ich, und es hätte nicht hübscher sein können. Die Häuser waren in Pastelltönen gestrichen, rosa und blau und grün und gelb, weiß abgesetzt, wenn auch der Anstrich alt und blättrig war. Hier konnte man auch ohne frische Farbe leben. Marigot verfiel mit Würde.

Draußen vor der Stadt, wo ein paar Häuser verstreut an staubigen Pfaden lagen, war St. Martins Dschungel, kein echter, der ohnehin schrecklich ist, sondern einer aus großen (für mich) namenlosen Fiederbäumen und Flamboyants, Magnolien, Kapokbäumen, Brotfruchtbäumen, Königspalmen und ausgefransten Bananenbäumen, dazwischen Hibiskus und Bougainvillea, verwildert und üppig, um Farbe ins dunkle Grün zu sprenkeln.

Ich fühlte mich scheußlich und sah scheußlich aus in meinen schmutzigen Kleidern, mit meinem verfilzten Haar. Transparente Hautstreifen flatterten von jeder Körperstelle, die noch nicht vom Sonnenbrand blasig geworden war. Ein Gepäckträger führte mich die Hauptstraße entlang, an der vornehme Kreolendamen sich auf den Balkons Luft zufächerten und von Haus zu Haus schwatzten. Das Geschwätz stoppte, als sie mich anstarrten. Vielleicht dachten sie, ich sei eine neue Sorte von weiblichen Überlebenden. Der Gepäckträger brachte mich zur Polizeistation. Trotz Vichy regte sich niemand über Carlton und seine Mannschaft auf; sie waren ja Inselkumpel. Es gab da eine Grenze, wieweit man unsinnigen Anweisungen folgte. Falls man mich zur *Pilot* zurückbeordern sollte, war ich entschlossen zu toben, zu winseln oder zu behaupten, mein längst entfernter Blinddarm sei geplatzt. Ich sehnte mich verzweifelt nach einem Bett, auf dem ich liegen konnte, bis ich meine Landbeine wiederbekommen hätte.

Der Chef der Gendarmen grub in seinem Garten an der Polizeistation. Er las den Brief des Magistrats von Anguilla. Er zog den zweiten und dritten Gendarm zu Rate, die in der Station Domino spielten. Ich erklärte, daß ich nur darum bäte, ein Taxi mieten zu dürfen, so daß ich zur anderen Seite nach Phillipsburg überwechseln könne. Das Taxi konnte ohne Erlaubnis des Bürgermeisters nicht zur Verfügung gestellt werden. Das Telefon des Bürgermeisters war kaputt. Er wohnte standesgemäß auf seinem Besitz außerhalb der Stadt, und es war heiß. Weder der zweite noch der dritte Gendarm noch der Gepäckträger hatten Lust, dorthin zu gehen. Guter gallischer Instinkt und ebensosehr Ritterlichkeit triumphierten. Der Chef-Gendarm sagte: »Sie bleiben besser über Nacht hier. Sie können den Bürgermeister am Morgen besuchen. Wir heißen Sie mit offenen Armen und Herzen willkommen. Es gibt keinen Grund, warum wir's nicht tun sollten.« Keinen Grund außer den ermüdenden Direktiven vom Gouverneur in Martinique, und der war weit weg.

Der Gepäckträger, der meinen Koffer schleppte, sagte, das Hotel werde von einem baskischen Ehepaar geleitet. In Wirklichkeit sagte er »baskihsch«, und ich rückte dicht auf, als er anfügte: »Se kommen hier nach so'n Krieg, den se in ihr Land vor fünf Jahr hatt'n, so ich erinner. Arme Leute, sieht aus, se können nich nach Haus. Se sprech'n Englisch nich so gut wie wir.«

Mrs. Higuera war mittleren Alters, aufgedunsen, dick, bleich, sichtlich mitgenommen vom Wechsel hierher aus ihrem frischen Klima daheim. Sie saß an einem Tisch unter einer Kerosinhängelampe, trug Haarwickel und einen Kimono und lauschte Mr. Higuera, der seinen Gästen seine Ansichten kundtat. Mr. Higuera trug den beliebten spanischen Stoppelbart, graue Borsten, die zwei Tage alt aussehen – niemals länger, mehrmals sauber rasiert, ein spanisches Geheimnis. Sein Haar war ein dicker, aufrecht stehender grauer Schopf. Sein Hemd, eigentlich für einen festen Kragen gedacht, geknöpft mit einem Kragenknopf; zerbeulte grünlichschwarze Hosen, von Hosenträgern gehalten. Er war ein kräftiger Brocken Mann, und seine Ansichten waren genauso kräftig seine eigenen.

Ich hatte Tausende wie ihn während des Kriegs in Spanien gesehen. Ihre Niederlage war auch meine. So wacklig im Kopf wie auf den Beinen sagte ich: »Salud, amigos! Viva la Republica!« Trotz des Vichy-Regimes und all seinem verachtenswerten Drumherum würde ich »Viva la Republica!« sagen, sooft ich wollte, solange ich lebte.

Mr. und Mrs. Higuera standen sofort auf und umarmten mich und fragten mich laut auf spanisch aus. Ja, ich war in Madrid auf der Seite der Republik gewesen. Ja, in Mexiko und Kuba gab es jetzt viele Basken, unter ihnen große *pelotaris*. Wir waren Busenfreunde innerhalb von drei Minuten. Die Gäste beobachteten uns mit einiger Verwunderung, bis sich die Higueras ihrer guten Manieren erinnerten und Monsieur Louis, einen jungen Geschäftsmann aus Guadeloupe mit vaselinegefettetem Haar, und Monsieur Jean, einen blonden französischen Jungen in den Zwanzigern, vorstellten. Mr. Higuera erklärte auf spanisch, daß Jean ein guter Junge sei, er habe sich von Frankreich aus nach Martinique in Marsch gesetzt, als die verdammten Hurensöhne, die deutschen Faschisten, Paris eingenommen hatten. Sie waren hier in den Ferien. Außerhalb der fünf französischen Karibik-Inseln waren auch sie durch höhere Gewalt zu feindlichen Ausländern geworden, ohne große Wahlmöglichkeiten, was Reisen und Transportmittel betraf.

Das Hotel der Higueras war genau das Richtige für jemanden, der sehr viel Zeit mit Tagträumen unter demoralisierten Verdammten in der Südsee verbracht hatte. Das Erdgeschoß bestand aus einem einzigen Raum, an den sich die Küche hinter einem Perlenvorhang anschloß. Ein großer weißer, mit Kerosin betriebener Eisschrank stand in einer Ecke, war aber seit einem Jahr außer Betrieb. Die anderen Möbelstücke waren eine laute Nähmaschine, mit einem Handrad angetrieben, vier quietschende Rohrschaukelstühle und drei kleine Eßtische, bedeckt von karierten Tischtüchern mit Fett- und Weinflecken. Der Hoteldiener, ein farbiger Mann, der einen Overall und einen runterhängenden Strohhut trug, deckte die Tische, als müsse er ein schwieriges Puzzlespiel lösen. Die Beigaben bestanden aus Fliegen, Spinnennetzen, Insekten, die sich an der Kerosinlampe umzubringen beabsichtigten, schmutzigen Gläsern, überfüllten Aschenbechern und Küchenqualm. Basken sind daheim für ihre Sauberkeit bekannt. Das Exil und die Hitze hatten an der offenen Herzlichkeit der spanischen Armen nichts geändert. Wir aßen Schweinefraß, lebten wie die Ferkel, trieften vor Schweiß und waren vom Hotel der Higueras begeistert.

Mein Bett gefiel mir. Es war ziemlich übel, aber eine Verbesserung gegenüber dem Beiboot. Die Matratze schien mir mit Kokosnußschalen ausgestopft zu sein, die Bettücher und der Kissenüberzug zeugten sowohl vom Kollaps der Higueras wie vom Mangel an Waschmitteln. Der Geruch von Moder wehte überall wie Weihrauch. Ich klammerte mich ans Bett, das sich wie ein Schaukelpferd benahm, und fragte mich, ob die gute Erde je wieder stillstehen würde. Ich hatte die Nase voll von der *Pilot*, aber ein weiterer Zug von Schreckensreisen ist es ja, daß man sich, wenn man sich einmal darauf eingelassen hat, es sich nicht wieder anders überlegen und aussteigen kann.

Am Morgen stattete der Bürgermeister mir einen Besuch ab. Er hatte eine feine, polierte schwarze Limousine, kaum sechs Jahre alt. Auf dieser Insel war das, als besäße man die Staatskutsche von England. Er war dick, blond, rotgesichtig und kräftig, in den Vierzigern, auf St. Martin geboren und der reiche Mann am Ort. Er fuhr mich nach Phillipsburg. Der französische Junge kam mit, um sich die unbekannte Welt der Alliierten anzusehen. Die einzige Pension in Phillipsburg gehörte einer gebildeten farbigen Frau, die bedauerte, mich nicht aufnehmen zu können. »Das Haus ist für eine Dame noch nicht wieder hergerichtet. Wir hatten diese zweiunddreißig holländischen Überlebenden hier, und sie tranken viel Punsch und rauchten eine Menge Zigaretten – versuchten, sich abzulenken, arme Männer. Ich habe noch keine Zeit gehabt, nach ihnen aufzuräumen.«

Weitere Schiffbrüchige überall, noch mehr versenkte Schiffe, deutsche U-Boote, die noch immer in der herrlichen See lauerten, wo es doch die Lebensregel für Inselleute ist, auf dem Wasser zu helfen, nicht zu töten.

»Arme Männer«, sagte der Bürgermeister so bedauernd wie seine offizielle Feindin, die farbige holländische Bürgerin. »Ich habe ein bißchen Waschmittel übrig, Mrs. Thomas, falls Sie das für Ihre Wäsche brauchen.« Wir schwiegen, als wir zurückfuhren, vielleicht dachten auch sie an diesen seltsamen Krieg, den man nicht sehen konnte, und an die Seeleute, die ihn erleiden mußten. Dann sagte der Bürgermeister auf französisch, als höfliche Geste gegenüber dem französischen Jungen: »Ich habe meine offizielle Pflicht getan. Sie können nicht in Phillipsburg bleiben, also müssen Sie in Marigot bleiben. Niemand kann von mir erwarten, daß ich eine Dame zwinge, in dieser erbärmlichen Schaluppe wegzufahren. Ich habe noch nicht viele Amerikaner kennengelernt, Madame, aber verzeihen Sie, sind solche Ideen bei Ihnen üblich, mit einem Boot dieser Sorte in Kriegszeiten zu reisen? Es wäre schon zu Friedenszeiten eine Katastrophe.«

»Wie anders hätte ich St. Martin besuchen können?«

»Nun, das ist wahr. Ich bezweifle, daß es zehn Leute hier gibt, die nicht auf der Insel geboren sind, aber die Hälfte von uns glaubt, wir sind Franzosen, die andere Hälfte glaubt, sie sind Holländer. Wir haben keine Grenzen zwischen uns, und unsere eigentliche Sprache ist das Englische. Wir leben seit drei Jahrhunderten friedlich zusammen. Ich glaube, so einen Ort gibt es nur einmal auf der Welt.«

»Sie sind gut dran«, sagte der französische Junge. »Die Insel ist arm und nicht von militärischer Bedeutung. Sie können hier für immer in Frieden leben.«

»Wir sind gut dran«, sagte der Bürgermeister. Carlton wartete am Hotel. »Kein Wind«, sagte er, »sieht aus, als wär der Wind tot für imma.«

»Prima«, sagte ich, »ich will ohnehin nicht fort. Ich würde gern einen Monat hierbleiben.«

»Ich nich. Ich nehm Sie bis Antigua mit, dann fahr ich nach Haus. Je früher nach Haus, je besser. Ich riech den Hurry-cane irgendwo.«

Mit einer Vesper in der Tasche, Wasser und dicken Sandwiches, machte ich mich auf, die Insel zu erkunden. St. Martin war eine Trauminsel. Verschwiegene kleine Sandbuchten schmiegten sich in die Küste. Ich wählte eine weit von der Stadt weg, umgeben von dichtem Buschwerk, das ganz blank war vom Regen, eingerahmt von wedelnden Königspalmen. Unter einem porzellanblauen Himmel saß ich nackt im flachen Wasser und beobachtete ganze Schwärme von Fischen, erkannte jedoch nur silbrige kleine Barrakudas. Und watete hinaus, um im glasklaren nilgrünen Wasser zu schwimmen, wo man bis auf den Sand hinuntersehen konnte und noch mehr Fische entdeckte, die ins seidige, tief saphirgrüne Meer hinauszogen. Und schwamm zurück, um im Schatten Sandwiches zu mampfen, und wieder hinaus zum Schwimmen. Die Sonne war keine Tortur, sondern ein Segen, so wie ich sie immer empfunden hatte, ehe ich mit der *Pilot* lossegelte. Ich vergaß den Krieg, er war der Alptraum von jemand anderem. Ich war in dem Zustand der Gnade, den man zu Recht Glück nennen kann – Körper und Geist in heiterem Einklang. Das geschieht einem als himmlische Überraschung beim Reisen, und darum werde ich nie aufhören zu reisen.

Die Zeit stand still. Ich wollte in der ruhenden Zeit verweilen, neue Badebuchten finden, im Dschungel herumlaufen und Geschichten über die Leute auf diesen Inseln ersinnen. Die Higueras hatten nicht erklärt, wie oder warum sie von Bilbao nach Marigot geflüchtet waren, und auch die Diskretion ist ein Nebenprodukt des Krieges, man drängt sich nicht in persönliche Angelegenheiten. Ich wußte auch nicht, welcher Umschwung oder welche Furcht den französischen Jungen veranlaßt hatten, aus Frankreich zu fliehen. Schon rankten sich erfundene Geschichten um sie. So sorgenfrei hatte ich mich seit meinen Mädchentagen nicht mehr gefühlt, als ich nur mit einem Rucksack gereist war und Europa für mich entdeckt hatte.

Der Wind blieb günstig, das heißt tot – vier Tage lang. An jedem Tag schwamm ich von einer schönen Bucht aus, wanderte durch den Dschungel, fand Orchideen und blühende Lianen, lauschte den Vögeln und den Geschichten in meinem Kopf. Das Glück war chronisch geworden. Dann kehrte die Wirklichkeit in Gestalt von Carlton zurück, der günstigen Wind ankündigte und ungeduldig war, fortzukommen. Ich sagte traurig au revoir und schüttelte den meisten die Hand und kletterte mit einem neuen Regenschirm zurück ins Beiboot.

Unser nächster Halt war St. Barthélemy, immer nur kurz St. Barts genannt, eine weitere französische Insel. Wir ankerten im Hafen der Hauptstadt namens Gustavia, denn St. Barts war einst schwedisch. Die Hauptstadt bestand aus einer Handvoll Häusern, einer Schule, einer Kirche, einer winzigen Werft, wo an einem Kartoffelboot gearbeitet wurde und es gut nach frischem Holz roch, einer Bar und einem tristen Kramladen.

Obwohl St. Barts ein sehr kleines und verlassenes Eiland war, war man dort auf snobistische Weise stolz. Mehr Weiße als Schwarze lebten hier. Die weiße Bevölkerung waren die Nachfahren von ein paar alten normannischen Seefahrern. Seit Jahrhunderten heiratete man untereinander, und so waren es arme, magere Leute mit schlechten Zähnen und krank aussehenden, häßlichen Gesichtern und häufig verwirrten Köpfen, aber eben erkennbar weiß. Hinter dem kleinen Hafen gaben ein paar standfeste Häuser Zeugnis von ebenso standfesten Schweden, wenn auch der Dschungel um sie herum- und sogar in sie hineinkroch. Mir wurde ein Zimmer in einem Haus angeboten, das der Besitzer vor zwei Monaten verlassen hatte. Ich mußte mir durch Ranken und Kletterpflanzen einen Weg eine verfaulte Treppe hinauf bahnen und mich gebückt durch dichtes Gebüsch kämpfen, um die Latrine und ein Badehaus im hinteren Teil zu erreichen.

St. Barts hatte keinen Bürgermeister, keine Gendarmen und keine Bürokratie. Es war vom Krieg noch weiter entfernt als St. Martin, die Einwohner interessierten sich einfach nicht dafür. Das einzige Zeichen, daß sich die Zeiten geändert hatten, war der Gesang, mit dem der Tag der Kinder in der Schule nahe meinem neuen Heim begann und endete. Die Lieder waren von der Vichy-Regierung angeordnet worden. Die Lieder waren fröhlich, und die Wörter bedeuteten den kleinen schwarzen Kindern nichts. »Rette Frankreich, Marschall, wir folgen dir.« Vorher hatten sie »Allons enfants de la patrie« gesungen, und das würden sie auch wieder singen, wenn wir den Krieg gewonnen hatten. Mich ärgerte diese aufgezwungene Verehrung des Marschalls, ich verachtete diese dümmliche alte Vaterfigur, die ihren Namen für die Kollaboration mit den Nazis hergab.

Wenn die Kinder ihre herkömmlichen Lektionen in Französisch sangen, hörte ich mit Vergnügen zu. Der Lehrer sang die Frage vor, dünne Stimmchen sangen unisono die Antwort zurück. »Welches sind die vier Elemente?« sang der Lehrer. »Die vier Elemente sind Erde, Luft, Feuer und Wasser«, sangen die Kinder. Sie sangen Geschichte, das Alphabet, Arithmetik und Literatur. Das hatte viel Charme und trainierte das Gedächtnis sicher bis zur Perfektion, aber es dauerte ziemlich lange, sechs und eine halbe Stunde täglich, mit einer zweistündigen Mittagspause. Der Unterricht war überall in der Metropole Gustavia zu hören.

Als ich über die Planken von der *Pilot* zum Pier ging, hatte da ein junger Franzose gestanden, ebenfalls blond, ebenfalls Jean heißend, und mich beobachtend. Er sah sich die Zwiebelschalen und Fischköpfe an, die Überbleibsel vom Lunch an Deck, den schäbigen Rumpf und das schäbige Segel, das Auftreten der Mannschaft, die schon bei der Abreise nicht in frischer Wäsche gesteckt hatte und nun wirklich ranzig vor Dreck war, sowie mich, die ich mich nicht mehr ganz so schlimm schälte, aber doch ein trauriges Bild abgab. Seinem Gesicht konnte ich entnehmen, daß er uns für Abschaum hielt, andererseits erweckte ich sein Mitleid. Ich mußte in irgendwelchen obskuren, üblen Schwierigkeiten stecken, wenn ich gezwungen war, so zu reisen. Er schlug mir vor, mich zu einer schönen Bucht zu bringen, sobald ich meinen Koffer losgeworden war. Er wollte mit Harpune und Taucherbrille Hummer fangen, eine angenehme Art zu fischen; aber er war nicht auf Spaß, sondern auf Essen aus. Die Nahrung hier war karg und erbärmlich, er fischte aus Not.

Ich folgte ihm auf einem engen Pfad durch dunklen, kümmernden Dschungel und keuchte vor Hitze. Dies war nicht das leuchtende Grün von St. Martin, dies war klaustrophobisch, und es erinnerte mich sofort an Schlangen. Jede Insel hatte ihre eigene Persönlichkeit und Atmosphäre. St. Barts war gespenstisch, ich weiß nicht, warum. Schon im Augenblick, als wir landeten, hatte ich das Gefühl, den Ort nicht zu mögen. Ich hatte kein Verlangen zu bleiben, keine Wellen des Glücks würden mich hier überrollen. Die Bucht war anziehend, aber nicht zu vergleichen mit den schönen halbmondförmigen Sandstränden von St. Martin. Jean fischte mit Geschick und Konzentration und spürte Hummer auf, während ich schwamm und auf einen guten Wind hoffte, aber schnell.

Wir waren spät losgegangen, weit gegangen, Hummerfang braucht Zeit; es war dunkel, als wir nach Hause aufbrachen. Jean wirkte nervös, was die Zeit anging, als hätte er eine Verabredung. Wir hatten uns gegenseitig keine Fragen gestellt, ganz nach Kriegsetikette. Er sprach von den weißen Einheimischen und sagte: »Ils sont pratiquement gaga, ils ne savent même pas comment se nourrir, ils n'ont pas assez d'intelligence ni d'énergie de cultiver des légumes. Ils passent leurs temps en étant fiers d'être blancs comme si c'était un acte de génie.« Wenn er seine Nachbarn so wenig mochte, warum blieb er dann? Aber ich fragte nicht danach. Im Dunkeln sprang eine kleine, wilde Katze, kaum mehr als ein Kätzchen, aus den dampfenden Wäldern und hüpfte den Pfad entlang, steifbeinig wie eine Gazelle. Sie war ihrer Umgebung perfekt angepaßt: gefleckt mit Brauntönen. Ich fing sie und hielt sie fest in den Armen.

Jean bog auf einem unsichtbaren Pfad in den Dschungel ein, ich zog mit meiner Katze weiter nach Gustavia, wo ich sie in meinem muffigen Zimmer mit Kondensmilch fütterte, so daß sie zu einer anschmiegsamen, schnurrenden, anhänglichen Katze wurde. Jetzt würde ich auf der Pilot Gesellschaft haben. Das Lieben ist eine Gewohnheit wie jede andere auch, und man braucht dafür etwas in der Nähe, an dem man täglich üben kann. Ich mochte die Katze, die Katze schien mich zu mögen. Ich konnte den kommenden Tagen im

Beiboot mit besseren Gefühlen entgegensehen, ich hatte ja die Katze zum Reden und zum Spielen.

Am Morgen brachte ich die Sprache aufs Wetter. Wann würden wir aufbrechen? Ich wollte nach Saba, einer holländischen Insel, die im Dunst der Hitze vor uns aufstieg wie ein grüner Vulkan. Carlton war mit jedem Tag defätistischer geworden. Einmal abgesehen vom unbeständigen Wind, wußte ich nicht, was mit ihm los war. Er sah mich nicht mehr an, stand nur mürrisch rum und betrachtete seine Füße.

»Sie sagen, es dauert nur vier Stunden, nach Saba zu segeln, Carlton.«

»Wohl eher acht oder zehn.«

»Es sind zweiundzwanzig Meilen.«

»Einige sagen zweiundzwanzig, einige fünfundvierzig.«

»Ich möchte sehr gern dahin.«

Er sagte nichts.

»Was wurmt Sie, Carlton?«

»Wetter gefällt nich. Saba hat kein Ankerplatz.«

»Lassen Sie uns frühmorgens lossegeln. Ich könnte mir die Stadt ansehen, und wir können für die Nacht hierher zurückkommen, wenn Sie meinen, daß es drüben nicht sicher ist.«

Carlton hatte ganz offensichtlich von dieser Reise die Nase voll. Immer wenn wir einen Hafen erreichten, wurden sie bezahlt. Nun hatten sie ein paar gute Geschäfte gemacht, und ein paar Geschäfte waren genug. Fast soweit, ihm die Hölle heiß zu machen, was dumm gewesen wäre, ging ich bis ans Ende des Piers, setzte mich und rauchte, um meine üble Laune zu besänftigen. Jean erschien und setzte sich neben mich. Ohne Vorrede stürzte er sich in Offenbarungen. Er war ursprünglich nach St. Barts gekommen, um sein Boot reparieren zu lassen. Ich erfuhr, daß er, als der Krieg begann, eine kleine Erbschaft als Boot-Tramp verplempert hatte. Er wollte St. Barts verlassen und sich den Freien Franzosen anschließen. Er schämte sich, auf dieser friedlichen Insel in Sicherheit zu leben, wo er doch eigentlich für sein Land kämpfen sollte. Aber er konnte nicht weg. Er war durch einen Voodoo-Zauber an die Insel gefesselt; besonders unangenehm, daß die Hexe seine Geliebte war.

Jedesmal, wenn er zu verschwinden versuchte, erwischte es ihn. Bei seinem ersten Fluchtversuch verlor er sein Boot, ein kompletter Schiffbruch, und er hatte noch Glück, daß er im Beiboot zurückkam. Und immer, wenn einer der seltenen Besucher ihm seitdem eine Mitfahrt anbot, wurde er von einer lähmenden Krankheit daran gehindert. Er breitete diese unheimliche Geschichte bei hellem Sonnenschein aus, während wir rauchten und unsere Beine vom Pier baumeln ließen. Wenn man annahm, daß er nicht verrückt war, dann war er wohl schon zu lange auf dieser Gespensterinsel. Ich sagte ihm mit Bestimmtheit, Voodoo-Zauber sei Quatsch, und er könne mit uns kommen und sich von Antigua aus nach England durchschlagen. Der scharfe Ton schien ihn zu beleben. Er wollte nun auf der *Pilot* mitfahren, bat aber darum, daß wir nachts lossegelten, und beschwor mich, das Geheimnis zu wahren, damit die Hexe nicht von seinen Plänen erführe.

Er nahm mich dann mit nach Hause zu einer Hütte aus geflochtenem Schilf, und auch ich war von der Hexe beeindruckt. Sie war sehr schön, groß, mit üppigen Kurven, glatter brauner Haut, dichtem, welligen Haar bis zu den Schultern und großen grünen Augen: lebender Beweis dafür, daß die Rassenmischung eine Menge Gutes tut. Sie stand auf der Türschwelle, die Hände in den Hüften, und sah die blonde, sich häutende Besucherin mit unverhüllter Verachtung und Mißbilligung an. Ich wußte nicht, wie ich reagieren sollte, unterwürfig oder bissig? Jean, bei Tageslicht offenbar selbstbewußt, trug ihr auf, Essen zu bringen. Reis und Hummer und gebackene Bananen. Köstlich. Vielleicht entschädigte ihn ihre Kochkunst für ihre Hexerei. Sie bewegte sich langsam, anmutig wie ein Panther; mit jeder Geste ließ sie ihren Groll spüren. Sie weigerte sich, mit uns zu sprechen oder zu essen.

Da ich mich nicht gerade erwünscht fühlen konnte, kehrte ich nach dem Lunch zum offenen Hafen zurück, fort von den unangenehmen Wäldern, und traf den Schulmeister, einen Franzosen mittleren Alters, der mit einer Insel-Schwarzen verheiratet war. Er war auch nicht gerade fröhlich und erzählte, was für ein Fehler es sei, eine schwarze Frau zu heiraten. Man versank in ihren schlampigen Gewohnheiten und erzeugte Herden von lärmenden, dummen Mischlingskindern. Es war sinnlos, den Schulkindern etwas beizubringen. Wieso brauchten sie die Kultur von la belle France auf St. Barts? Aber er deutete nicht an, daß er auf mein Schiff kommen und fliehen wollte. Ich stieg in mein Zimmer rauf und fütterte mein schnurrendes Kätzchen, das einzige zufriedene Lebewesen, das ich bislang getroffen hatte.

Carlton war wütend über die Abfahrt bei Nacht. »Kein Grund dazu. Ich kenn dieses Wasser nicht. Doof. Ich bin für die *Pilot* verantwortlich.« Ich blieb hartnäckig. Ich hatte es Jean versprochen, ich hatte die Hexe gesehen. Ich selbst wäre nur zu glücklich gewesen, diesen giftig-grünen Augen entkommen zu können. Gegen Mitternacht tauchte Jean an der Mole auf, zähneklappernd, mit blutunterlaufenen Augen. Er hatte hohes Fieber. Das einzige, was er tun konnte, war, zum Pier zu kommen, um mir zu sagen, wir sollten nicht warten. Rettung war nicht möglich, er würde nie in der Lage sein zu verschwinden. Er sah seinem Schicksal voller Verzweiflung entgegen. Offensichtlich glaubte er an schwarze Magie. Ich aber stellte mir vor, daß seine dämonische Geliebte sein Essen mit giftigen Pilzen, Schlangengift, Katzenpisse, was immer zur Hand war, vermischen konnte, mit allem, was der Verdauung abträglich war, wann immer er ruhelos wurde. Ich drängte ihn, dennoch mitzukommen, krank, wie er war. Vielleicht verlor die Zauberei mit den Seemeilen ihre Wirkung. Er wollte aber meine Sicherheit nicht gefährden, das Wetter war auch ohne böse Zauberformeln unsicher genug.

Ich hielt ihn für eine tragische Figur. Ich stellte mir sein Leben vor, angekettet an diese grünäugige, finstere Hexe, die, wenn sie seiner müde war, einen giftigen Sud brauen und ihn umbringen würde. Zehn Jahre später traf ich Jean auf St. Martin wieder. Er hatte eine hübsche weiße Frau und ein Baby, ein richtiges Haus über einem prächtigen Strand und ein Vergnügungsboot. Ich wagte es nicht, ihm Fragen zu stellen, und er trug mir auch keine Informationen über die Hexe oder seine Flucht aus ihren Klauen an. Er wirkte gesund, glücklich und erfolgreich.

Carlton, der nun erfuhr, daß wir keinen zusätzlichen Passagier hatten, spuckte voll Abscheu aus und sagte, er lege sich jetzt im Laderaum schlafen, er sei kein Idiot, wir könnten im Morgengrauen segeln. Ich verbrachte unnötig eine Nacht, oder die Hälfte davon, im Beiboot, doch die kleine Katze machte es sich bei mir auf dem Kopfkissen bequem.

Vielleicht sorgte die Hexe für den Sturm, um mich festzuhalten. Wahrscheinlicher waren es die Ausläufer eines Hurrikans, aber ein Sturm war es in jedem Fall, ein viel zu starker Wind für unser Flickensegel. Und hohe Wellen mit schaumigen Kronen schlugen über uns zusammen. Ich wußte nicht, daß Katzen seekrank werden können. Meine Katze zitterte und miaute erbärmlich und erbrach dünne gelbe Bäche. Als nichts mehr zu erbrechen war, wogten ihre Flanken. Ich fühlte mich wie ein Ungeheuer: das arme kleine Ding gekidnappt zu haben und solchem Elend auszusetzen! Dann war ich zu beschäftigt mit der Betreuung der Katze, um mein eigenes Elend, die Nässe und die blauen Flecken zu spüren, während wir über die Wellenberge und Wellentäler nach Saba tauchten.

Saba ist eigentlich die Spitze eines Vulkans, und es gibt keinen Hafen an seinen steilen grünen Flanken. In der Nähe des Lands ließ der Wind nach, vielleicht war der Sturm nach Norden abgezogen. Walter balancierte auf Deck und blies in eine Concha-Muschel, ein Geräusch wie ein schwaches Nebelhorn. Die sich auftürmenden grünen Felsen von Saba blieben still, und niemand erschien auf der gewaltigen Stufenleiter, die man in den Fels geschlagen hatte. So eine Treppe war mir seit Tschungking nicht mehr begegnet, und ich zweifelte, ob ich es hinauf schaffen würde – mit Beinen wie Spaghetti.

»Dies hier acht Faden tief«, sagte Carlton vorwurfsvoll, »auf offener See.«

»Aber der Wind läßt doch nach, Carlton. Bestimmt könnt ihr bis zum Morgen ankern. Ich komme gleich nach der Morgendämmerung zurück. Ich möchte der Katze eine Pause gönnen.«

Carlton schnaubte zur Antwort. Ein holländischer Polizeibeamter, sehr schmissig in Gamaschen und Militärkragen, war die Stufen heruntermarschiert und winkte mich von einem Streifen Kiesstrand aus an Land. Ich zahlte Carlton die Hafengebühr; er hatte nun fünf Siebtel seines Gesamthonorars erhalten. Irvine und Voosten entfernten die Planen, setzten das Beiboot ins Wasser und ruderten mich und das Kätzchen zu den Kieseln, ein Ruder achtern wie die Gondolieri in Venedig. »Leben Sie wohl, hoffe, Sie sind sehr glücklich mit Ihrer kleinen Katze«, sagte George, der sanfte Riese. »Nicht ›Leben Sie wohl‹, nur gute Nacht, George.« Ich wartete, um sicher zu sein, daß das Beiboot nicht unterging, bevor es zur Pilot zurückkam.

Der holländische Polizeibeamte trug netterweise meinen Koffer, wenn dies auch bestimmt unter seiner Würde und nicht sein Job war. Ich wankte hinter ihm her die Stufen hoch, das schreiende Kätzchen in den Armen. Bergsteigen! Das Dorf oben hieß offensichtlich Bottom, weil es auf dem Boden des Kraters erbaut worden war. Bottom besaß einen liebenswerten, niedlichen holländischen Charme und erschien mir wie ein schöner Septembertag in einem kühlen Land. Die Straßen waren korrekt im rechten Winkel angelegt und ordentlich gefegt. Die kleinen Häuser bestanden aus weißen Brettern mit Fundamenten aus Feldsteinen. Weiße Raffgardinen steckten hinter blitzblanken Fenstern. Es könnte durchaus Blumenkästen vor den Fenstern gegeben haben, ich weiß es nicht mehr.

Die schwarzen Einwohner kamen mir besser genährt vor als sonstwo, würdige Bürger mit Selbstachtung in sauberer, gestärkter Kleidung. Überall schon war ich fasziniert gewesen von der Art und Weise, wie die Karibik-Schwarzen den Ton ihrer jeweiligen Kolonialmacht übernahmen. Man konnte die Nationalität einer jeden Insel erkennen, ohne daß man sie gesagt bekam, als ob nationale Gene und Chromosomen von weit entfernten Regierungen hierher übermittelt worden wären. Nach dem Aussehen der Leute auf Saba, ihrer Stadt und dem kurzen Blick auf Phillipsburg zu urteilen, waren die

Holländer die beste Kolonialmacht in diesem Teil der Welt, wie sie es auch im Fernen Osten, in Niederländisch-Ostindien, gewesen waren.

Der holländische Polizeibeamte lieferte mich im Regierungsgästehaus ab. Ich bin, wie ich schon überdeutlich gemacht habe, eine Reinlichkeitsfanatikerin und war außer mir vor Freude. Hier konnte man vom Boden essen, wenn einem nach solchen Verrenkungen zumute war, und es gab obendrein frische Eier und Butter und Milch und frisch gebackenes Brot. Dann war da ein richtiges Duschbad, das reichlich Wasser spendete, ein echtes Klo aus dem zwanzigsten Jahrhundert, ein funktionierender Kühlschrank, ein angenehm duftendes Schlafzimmer mit einem Himmelbett und schneeweißem Bettleinen und einer Nachttischlampe und einem makellosen Schrank mit Kleiderbügeln. Ich sagte der Katze, endlich seien wir auf die Füße gefallen. Es gab auch Alberta, die Hausdame der Herberge, die ein gestärktes weißes Kleid trug und einen Panamahut; sie war vierundsechzig Jahre alt, flink und sorgfältig und sprach Karibik-Englisch mit holländischem Akzent.

»Sie von Ammorika, Moddom?«

»Ja, Alberta.«

»Oh, Moddom, was tun wir ohn Ammorika? Ammorika hilft mir jeden Tag in mein Leben. So viele nätte farb'ge Leute von Saba gehn da zur Arbeit und se senden uns Menge Kleidä und Essen. Gott segne Ammorika, Moddom.«

Ich dankte ihr im Namen der Vereinigten Staaten, und sie fragte mich nach dem Krieg, aber ehe ich antworten konnte, sagte sie: »Als wir hört'n, sie greifn Holland an, Moddom, da gab's kein trocken Auge auf de Insel. Lassen Sie uns nicht von Krieg sprech'n.« Ich wollte auch lieber von Futter für meine Katze reden und mich selbst mit Seife und Wasser traktieren. Ich sehnte mich nach dem herrlichen, sauberen Bett.

Bei Sonnenuntergang fing es zu regnen an, und der Wind verstärkte sich zum Sturm. Im Zickzack zuckten Acetylenblitze über den Himmel, und der Donner dröhnte wie Artilleriefeuer zwischen den Bergwänden rings um den Krater. Kalt und schlaflos aus Sorge um die Pilot, tröstete ich die Katze, derentwegen ich mit jeder Minute ein schlechteres Gewissen hatte. Warum hatte ich sie nur im Dschungel von St. Barts aus ihrem Familienleben gerissen? Wie erging es der Mannschaft? Schließlich sagte ich mir, daß sie von Beruf Seefahrer waren, auf dem Meer zu Hause, und wissen mußten, was zu tun war. Und ich schlief unruhig, wachte in der Morgendämmerung auf und eilte die vielen Stufen hinunter.

Die *Pilot* war verschwunden. Mich packte plötzlich das große Zittern, denn ich stellte mir vor, sie sei mit allen Leuten an Bord gesunken. Bis mir ein alter Fischer sagte, das Boot sei abgesegelt, sobald ich auf der Treppe nach Bottom hinauf außer Sicht war. Er sagte mir, Saba sei bei solchem Wetter kein Platz zum Ankern, ihre eigenen kleinen Fischerboote lägen an der anderen Inselseite auf dem Strand. Carlton und die Männer hatten an die Pilot und an ihr Leben zu denken; ich verstand sie, wünschte aber, sie hätten sich wenigstens verabschiedet. Dann fiel mir ein, daß George das ja so nett getan hatte. Jetzt saß ich auf Saba fest. Immer dankbar sein für kleine und große Gnaden: Welches Glück ich doch hatte, hier statt auf der gruseligen Insel St. Barts festzusitzen.

Die Sonne schien von einem blauweißen Himmel. Die grünen Kraterwände milderten den Wind. Es war ein schöner Tag und ein schöner Ort. Ich hatte keinen Grund zur Klage. Alberta brachte dem Funker eine Nachricht – ob er St. Kitts, dreißig Meilen entfernt, anfunken würde (oder was immer) und bitten könne, mir ein Motorboot zu schicken? Der Funker sagte Alberta, daß ihn der Sturm im Augenblick lahmgelegt habe, aber er würde St. Kitts so bald als möglich anfunken. Nach einem gewaltigen Frühstück wusch ich mir das Haar. Alberta wusch meine Kleider. Ich ging am Krater spazieren wie in einem Park. Die Katze tummelte sich um mich herum. Ich sah gepflegte Kühe. Ich konnte diesen Leuten für ihre Ordnung und ihren Verstand nur Beifall spenden: sie bauten Gemüse an, hüteten Hühner und Kühe, machten Butter und Käse und hielten ihre Puppenstubenhäuschen und Gärten hübsch. Ich fragte mich, wo auf Erden man solchen Frieden wie in Bottom finden würde.

Der Krieg ist zu teuer, als daß man ihn auf nutzlose Orte verschwendet. Der Krieg hatte die kleinen Inseln völlig isoliert, sie hatten untereinander kaum Kontakt, und draußen in der Welt waren sie unbekannt. Die ganze Karibik hinunter blieben diese kleinen grünen Juwele, nur Stecknadelköpfe auf der Landkarte, gnädig unbeachtet.

Nun, da ich im reinen Glück lebte und gutes Essen bekam, fing ich an, nervös zu werden. Das Rumpeln im Himmel könnte den nun schon so oft angekündigten Hurrikan voraussagen. Ein Hurrikan würde mich hier unbegrenzt festhalten. Hier gab es keine Gesellschaft, kein Café und keine Bar, wo ich hätte in einer Ecke sitzen und zuhören können. Die Wellen waren zu hoch und die Luft zu kühl, als daß ich vom Kiesstrand aus schwimmen gehen konnte. Die Bürger blieben bei Nacht still in ihren Häusern, und das einzige Licht in Bottom nach neun Uhr war das meine. Die aufmerksamen Holländer hatten im Wohnzimmer des Gästehauses Bücherregale aufgestellt und Bücher auf die Regale. Ich hatte meine eigenen ausgelesen, und ohne etwas zu lesen, wäre ich wohl doppelt so zappelig geworden. Denn vor vierunddreißig Jahren war ich gar nicht so vernarrt in Ruhe und Frieden: Ich liebte Überraschungen und Aufregungen und Spaß und Risiko und seltsame Leute. Ich kränkte Alberta mit meinem Eifer wegzukommen und belästigte den Funker mit bohrenden Fragen.

Alberta weckte mich am dritten Morgen mit einem Frühstückstablett und Nachrichten. »Se ham ein Schnellboot, das wartet auf Se, Moddom. Das kost Se sechzig Dollar. Mein Gott!« Ich verschlang das leckere Frühstück, während Alberta meinen Koffer packte, küßte sie, gab ihr ein Trinkgeld, griff mir die Katze und rannte die langen Stufen hinunter. Das Schnellboot war eine ölige, zehn Meter lange Barkasse mit einer stinkenden, alten Maschine und hieß Queen Mary. Ihre Höchstgeschwindigkeit betrug fünf Knoten. Die drei Seeleute trugen Ölhäute. Das Meer sah schrecklich aus, endlos schwankende Bergspitzen. Ich wickelte die Katze in meinen einzigen Sweater, der ihr vielleicht half, mir nicht, und richtete mich auf eine neue Schreckensreise ein. Sie dauerte sechs Stunden und war die Wasserversion meiner Lastwagenreise zum Nordfluß. Ich glaubte, ich bräche mir das Steißbein, so hart knallte ich ständig gegen den Pumpenschacht, neben dem ich kauerte. Naß bis auf die Haut, erfroren und seekrank schwor ich, daß ich niemals mehr übers Meer reisen würde, wenn ich Antigua erreicht hätte. Das Meer war zum Schwimmen da und wunderbar zum Schwimmen, ansonsten haßte ich es.

Die Maschine machte soviel Krach – wie auch das Boot selbst, wenn es in die Wellentäler schlug –, daß ich die gequälten Klagelaute der Katze nicht hören konnte, und ihre kleinen Ströme von Erbrochenem fielen in all der Nässe ringsum nicht auf. Ein Matrose, der mit dem Fuß steuerte, sprach mich an. Inmitten dieser Hölle lehnte er sich herüber und rief: »Was halten Sie so von der Kriegssituation?«

Wir legten am Sandy Point an, wie man mir mitteilte. Ich stieg wie zerschlagen aus und fürchtete, meine Katze sei gestorben. Meine erste Handlung war, den Sweater aufzuwickeln und den kleinen, zitternden Körper zu trocknen. Der Hafenmeister, Mr. Williams, ein freundlicher farbiger Herr, sagte: »Oh, meine Liebe, es ist gegen das Gesetz, Hunde und Katzen zu importieren.« Ich hielt eine Rede, deren Eloquenz mich selbst fast zum Weinen brachte. Mr. Williams war sichtlich gerührt. Er würde den Honourable Treasurer anrufen; in der Zwischenzeit bat er die Katze und mich in den Komfort seines Büros.

Als Mr. Williams den Schatzmeister erreichte, sagte er: »Sir, hier ist ein weiblicher amerikanischer Journalist mit einer kleinen Katze. Sie behauptet, daß die Katze immer mit ihr reist. Sie gibt an, sie hat die Katze immer bei sich. Sie ist hier nur im Transit, Sir, und bittet um Erlaubnis, die Katze einzuführen.« Am anderen Ende der Leitung war offensichtlich ein gefühlvoller Mann. »Danke, Sir«, sagte Mr. Williams und wandte sich mir lächelnd zu, ein netter Mann, froh, mir einen Gefallen tun zu können. »Der H. T. sagt, daß dies ein Ausnahmefall ist und die Katze frei mitgeführt werden kann.«

Basseterre ist die Hauptstadt von St. Kitts und war damals so tot, daß ich mir wie lebendig begraben vorkam. Das Hotel und das Gästehaus waren längst geschlossen, und es war niemand auf der Straße, den man fragen konnte. Die weißgekalkten Häuser an der

Meeresseite blätterten ab und standen leer. Ich wußte nicht, was ich sonst tun sollte, also klingelte ich einfach an den Türen. Eine nette, kleine alte Lady, mit schnell und ungleichmäßig verteiltem Reispuder auf dem Gesicht, öffnete eine Tür. Ja, sie würde mir ein Zimmer geben, aber nicht gegen Geld. Sie wünschte, ganz klarzumachen, daß sie keine Pensionsgäste aufnahm, sie nahm Schiffbrüchige auf wie mich.

Sie hatte sechs Hurrikane in ihrem überladenen Haus an der Meerseite überstanden, ein Haus, das vor Sesselschonern und viktorianischem Mahagoni und Zierporzellan in Eckschränken platzte. In ihrer Jugend war sie in einer Barke nach England gesegelt, dreißig Tage an Bord – eine schreckliche Vorstellung. Jetzt saß sie in ihrem Wohnzimmer und lauschte Tag und Nacht den Rundfunknachrichten, die von ferner Gewalt sprachen. Sie hörte auf nichts anderes als das, was aus dem Radio kam.

Ich war schon wieder in einer tristen Stadt gestrandet, bis sich das Wetter beruhigte. Die *Queen Mary* war bereit, mich in einer Neun-Stunden-Fahrt des Elends nach Antigua zu bringen, aber nicht, solange das Barometer »herumsprang wie ein Kork im Wasser«. Ein Matrose würde mich knock up (nach englischem Sprachgebrauch, erschütternd für jeden Amerikaner), sobald das Barometer sich beruhigte.

Ein Artikel für Collier's war überfällig. Mühselige Reisen wie diese waren alles andere als billig, ich mußte meine Ausgaben erklären und auch verdienen. Aber was konnte ich schreiben? Keine geheimen Verstecke für U-Boote, keine feindlichen Funkstationen hatte ich gesehen, nicht einmal einen einzigen Überlebenden getroffen, geschweige denn gerettet. Ich setzte mich hin und schrieb über die Reise, wie sie gewesen war, über jedes Detail, jede Person, jedes Gespräch. Auch mein Kopf muß wohl auf der Queen Mary zu Bruch gegangen sein. Die maximale Länge eines Collier's-Artikels waren 5000 Wörter; sofern ich richtig rechne, ohne Seite für Seite auszuzählen, war der Reisebericht, den ich in Basseterre schrieb, 11 000 Wörter lang.

Charles Colebaugh nahm ihn zum Lesen mit nach Hause und bekam einen Lachkrampf davon. Er reichte ihn dann im Büro herum, wo jeder sich auskichern durfte. Viel später sagte mir Charles in New York, der Artikel sei die Kosten zweimal wert gewesen, da er so viele Leute damit versöhnt habe, daß sie an ihren Schreibtischen sitzen bleiben mußten. Er sagte, weil der Krieg den Leuten das Reisen unmöglich machte, wären sie begieriger darauf als gewöhnlich. Aber nachdem man mich gelesen hatte, müsse sich jeder vernünftig denkende Mensch glücklich schätzen, zu Hause zu sein, obwohl mir die Orte, die Bedingungen, die Fahrten manchmal sehr wohl zugesagt hätten. Ich steckte das Spesengeld mit Dank und Entschuldigungen in die Tasche und vergaß alles, bis ich jene vergilbten Seiten unter meinen Papieren fand. Neun Stunden auf der *Queen Mary* waren für mich eine Prüfung und für meine Katze fast das Ende. Aber der Gedanke an Antigua hielt mich aufrecht. Die Engländer liehen Antigua als Basis an die Amerikaner aus, und die Amerikaner entfachten wie üblich ihren ökonomischen Hurrikan. Geld spielte keine Rolle, die Amerikaner wollten das, was sie wollten, sofort – rasch den Krieg gewinnen und dann nach Hause in Gottes Land. Die Inselbewohner waren wie betrunken von all der Aufregung und all dem Geld. Da die Gefahr auf Schiffe zur See beschränkt war, war das Leben auf Antigua ein wüster Spaß: Filme und Drinks mit Eiswürfeln und PX-Zigaretten und eine Musikbox und prächtige Typen in Uniform.

Amerikaner waren lustiger, bevor Amerika die mächtigste Nation auf Erden wurde. (Andererseits sind die Engländer, seit sie vom Empire erlöst sind, viel lustiger geworden, als sie bis dahin waren.) Ich hatte nur Augen für die tollen uniformierten Burschen. Von mir gedrängt, über ihre Arbeit zu reden, taten sie so, als wären sie beim Hausputz. Vier Monate später waren alle deutschen U-Boote aus der Karibik und aus den südamerikanischen Küstengewässern verjagt, und sie kamen nicht wieder. Auf See war es wieder so friedlich wie zu Land.

In Antigua holte ich mir die Idee für meinen letzten Collier's-

Artikel von der Air Force. Die Methode im Krieg war, herumzuhängen und zuzuhören, bis jemand etwas sagte, was nach einer guten Schlagzeile klang. Ein Hauptmann aus dem Süden, ein Bomberpilot, zog mich wegen seiner Manieren und seiner Redeweise an. Außer Dienst war er eine Maus von einem Meter fünfundachtzig – ich wartete immer darauf, daß er zwischen den Wörtern oder beim Kaugummikauen einschlief. »Da unten in Surinam haben sie all den Kram. Bauxit, wissen Sie, haben's in Minen oder so. Man braucht Bauxit für Aluminium, und man braucht Bauxit für Flugzeuge, also sind diese kleinen ollen U-Boote der Krauts verrückt nach Schiffen, die Bauxit als Fracht haben, können's nicht abwarten, sie zu versenken. Die kleinen ollen Kraut-U-Boote versuchen, unsere Kriegsanstrengungen kaputtzumachen, und wir versuchen, ihnen Bomben auf den Kopf zu schmeißen. Kann noch kaum sagen, wer gewinnt.«

Also, das klang aufregend. Bauxit, Aluminium, bedrohte Schiffe, Kriegsanstrengungen. Nach weiterem Befragen sagte die große Haselmaus: »Jaa, wir ham so'n paar olle Flieger da unten und 'n paar gottverlassene Soldaten. Trampen hin und her und verteidigen die Gruben oder so. Das is'n harter und doofer Job, weil die Krauts lauter U-Boote da ham, und die kommen raus aus'm Wasser.« Paßte genau. Ich konnte über unsere Jungen an einer abgelegenen Front schreiben. Die Leser von Collier's konnten gar nicht anders, als mit mir zufrieden zu sein. Für mich reichte schon das Wort Surinam. Eine Gegend, die einen solchen Namen trug, die mußte ich sehen.

Pan Am stoppte zum Auftanken in Paramaribo, Surinam, auf dem Weg nach Rio. Und mir war klar, daß es mit der Katze und Pan Am Schwierigkeiten geben würde, einer Luftfahrtgesellschaft, die den Krieg sehr ernst nahm und den Reisenden gern die Fenstergardinen zuzog, wann immer man in die Nähe eines Flugplatzes kam, den jeder dann am Boden ungehindert sehen konnte. Ich besorgte mir einen großen Korb und verschaffte mir Rückhalt bei der Air Force, falls der schlimmste Fall eintreten sollte, was auch geschah. Die kleine Katze geriet in ihrem Korbgefängnis in Panik und kratzte und jammerte und verriet sich so. Pan Am weigerte sich, die Katze zu befördern. Die Air Force hatte mich bis zum Flugzeug begleitet, für den Fall, daß man mir diese Gemeinheit antat, und so übergab ich den Korb an sie. Sie lachten wie die Verrückten und rieten mir, die Ohren steifzuhalten: »Krieg ist die Hölle, opfere die Katze deinem Land wie ein Mann. Komm, lächle, Mädchen. Wir passen auf sie auf wie ihre Mutter.«

Sie hatten feierlich geschworen, es zu tun, aber ich traute ihnen nicht: Sie würden bestimmt vergessen, sie zu füttern oder ihr Trost zu spenden, dieser verwaisten Katze, weit weg von zu Hause. Ich haßte Pan Am und war wild vor Kummer, wovon ein herzzerreißender Brief an meine Mutter Zeugnis ablegt. Abgesehen davon, daß ich die Katze liebte und arg vermißte, hatte ich ihr Leid zugefügt; sie verdiente etwas Besseres als dieses unsichere Leben. Die Air-Force-Leute dachten ohne Zweifel, ich sei eine Kandidatin für die Gummizelle, als ich sie per Luftpost mit Fragen nach Gesundheit und Wohlergehen meiner verlassenen Katze bombardierte.

Die schnellste Art und Weise, Surinam zu beschreiben, ist es, ein paar der Anfangssätze aus dem alten Artikel, den ich für Collier's schrieb, zu stehlen.

»Die Holländer, denen Surinam gehört, gaben jährlich 1 600 000 Dollar dafür aus und vergaßen es. Surinam war gerade 3000 Quadratmeilen Dschungel mit trägen kaffeefarbenen Flüssen, einer Hauptstadt, ganz wenigen sogenannten Städten, einem Streifen Küste, mehr oder weniger vom Dschungel freigehackt, 1900 Europäern, die dort lebten, um die Kolonie zu verwalten oder Geld zu machen, 162 000 anderen Leuten, von bernsteinfarbenen Javanern bis zu rußschwarzen Buschnegern, Goldminen, Bauxitminen, Zuckerrohr- und Kaffeeplantagen, Balatabäumen, anderen landwirtschaftlichen Ladenhütern, kleinen örtlichen Industriebetrieben und einem Klima, das man einfach nicht aushalten kann, aber an das man sich schließlich gewöhnt. Es liegt, heiß und unbekannt und unbedeutend, zwischen Britisch- und Französisch-Guayana vor der Nordostküste Südamerikas. Der Atlantik, im allgemeinen grau oder blau oder grün, erstreckt sich längs der pfannkuchenflachen Küste von Surinam und besteht noch 20 Meilen davon entfernt aus purem braunen Schlamm. Das Binnenland ist meistens nach Schätzungen kartographiert worden, weil niemand in der Lage war, es zu vermessen. Einige der Flüsse sind über eine gewisse Strecke landeinwärts schiffbar, falls es Gründe geben sollte, sie zu befahren. Es gibt in ganz Surinam 120 Meilen Eisenbahnstrecke, und seit dem Krieg 177 Meilen Straße. Wer sonst irgendwohin möchte, muß sich mit einer Machete durchhacken.«

Niemand stieg auf dem blendendweißen Sandflugfeld aus der Pan-Am-Maschine. Niemand tat das jemals, es sei denn auf Befehl der US- oder der holländischen Regierung. Die Hitze war sensationell. Ich stand geblendet und betäubt da, und der Pan-Am-Agent, ebenfalls benommen, weil er einmal einen Passagier zu betreuen hatte, sagte: »Sie gehen besser aus dem Sand raus, Sie bekommen sonst Flöhe unter Ihre Zehennägel. So eine hier übliche Art Flöhe, die man rausschneiden muß.« Ich trug Sandalen. Sobald er sich um das Ausladen der Fracht und der Post gekümmert und gesehen hatte, daß aufgetankt worden war, würde er mich nach Paramaribo mitnehmen. Ich solle doch in dem Ein-Zimmer-Büro warten.

Die Hangars der Air Force waren aus Stroh. Neben ihnen bestand die US-Basis aus einer Sammlung von Kasernen und Hauptquartieren – gleich aussehende Holzgüterwagen. Der Dschungel war hinter den brennenden Sand zurückgedrängt worden und sah aus wie eine hohe Mauer aus verknoteten grünen Tauen. Die Militärgüterwagen waren mit Anti-Floh-Laufstegen verbunden. Männer mit Badetüchern um die Hüften und kräftigen, offenen Stiefeln an nackten Füßen eilten von den Duschen zu den Kasernen. Andere bewegten sich zügig zwischen den Gebäuden hin und her, sie trugen die regulären Armeehosen, die mit der Schere in ausgefranste Shorts verwandelt worden waren, dazu Khakihemden und die gleichen schlappenden Stiefel. Niemand trat neben die Laufstege. Sie schienen mir unvorstellbar jung zu sein, im Oberschulalter, und noch weniger vorstellbar fröhlich. Eigentlich hätten sie alle selbstmordgefährdet sein müssen. Flöhe, Sonnenblindheit und Hitzschlag. Nicht ein Baum. Nicht eine Handbreit Schatten irgendwo.

Die Oberfläche der neuen, schmalen Straße vom neuen, großen Flugfeld bestand aus Bauxitlehm, hellrot und staubend. Nach einer Stunde heftigen Geschütteltwerdens und Schluckens von rotem Staub kamen wir in der Hauptstadt an. Der Pan-Am-Agent mißdeutete mein Schweigen aus sprachloser Dankbarkeit als Schock. »Es ist ziemlich hart«, sagte er. »Aber ich nehme an, Sie müssen nicht lange bleiben.« Ich hatte vor, so lange wie möglich zu bleiben. Obwohl ich bis vor zwei Tagen niemals von Paramaribo oder Surinam gehört hatte, meinte ich jetzt, an einen Ort gekommen zu sein, von dem ich seit Jahren geträumt hatte.

Die Stadt war an einem braunen, stagnierenden Dschungelfluß entlang gebaut. Holzhäuser im Karibik-Stil, ähnlich wie in St. Martin, aber mit einer komischen Andeutung holländischer Giebel, reihten sich an den Staubstraßen. Der Pan-Am-Agent setzte mich beim Hotel ab und sagte bekümmert: »Hans und Gertie werden sich um Sie kümmern.« Hans und Gertie waren jung, blond und schwabbelig, wie es Leute in den Tropen werden, wo es zu heiß ist, um vom Stuhl aufzustehen, und schrecklich nett. Das Paramaribo Grand Hotel war drei Stockwerke hoch, mit zerschlissenen Läufern auf den Treppen und kaputten, ameisenzerfressenen Möbeln in den Zimmern. Es gab ein kratziges Plüschsofa in der Halle, Korbsessel mit Löchern in den geflochtenen Sitzen und Tische mit beschmierten Linoleumflächen. Mir gefiel es – und jedem anderen auch. Wenn das Soldatenvolk zwei Tage Urlaub hatte, dann kam es hierher, als verbrächten sie ein Wochenende in Paris.

Ich ging sofort vor die Tür, um mir die Stadt anzusehen. Die kleinen Frauen des Ostens, Javanerinnen und Inderinnen, watschelten barfuß in Sarongs und Saris umher und trugen dabei ihr ganzes Vermögen an Gold- und Silberschmuck. Holländische Frauen trampelten auf Fahrrädern vorbei. Kreolinnen, enorm üppig unter gestärkten Röcken, balancierten Körbe auf ihren Köpfen. Mädchen, glorreiche Ergebnisse der Mischung aus malaiischem, chinesischem und afrikanischem Blut, flanierten vorbei, um ihre Kleider und auch Frisuren vorzuführen, die aus den neuesten Filmzeitschriften kopiert waren. Farbige Polizisten in grünen Uniformen regelten den Verkehr: ein Stabsauto, eine Limousine, den Marinegeländewagen und Horden von Fahrrädern. Regierungsangestellte der verschiedensten wohlvermischten Farbtöne in schicken weißen Anzügen und mit Aktentaschen beäugten vorsichtig die Frauen, wie es auch die holländischen und amerikanischen, stadtfein gekleideten Soldaten taten.

Die Leute waren das Beste an Paramaribo. Doch die Läden, javanische, indische, holländische, chinesische, waren auch nicht zu unterschätzen; am anziehendsten Jonas Home Industries, wo man örtliche Produkte kaufen konnte, wie etwa eingemachte Taranteln und Buschnegerkämme, offensichtlich aus gefeilten Haizähnen hergestellt.

Gegen fünf Uhr war mir schwindlig vor Glück, und ich ließ mich auf einem zerborstenen Korbsessel in der Hotelhalle nieder, um mir den laufenden Klatsch anzuhören. Um fünf Uhr kamen pünktlich die Moskitos. »Die sind in der Gewerkschaft«, bemerkte ein Soldat, »arbeiten von fünf bis fünf.« Es waren die größten Moskitos, die mir irgendwo begegnet waren, und ohne jede Furcht; sie sausten heran, ließen sich auf Armen und Beinen nieder und starben saugend, worauf andere die ersetzten, die man gerade totgeschlagen hatte. Wenn die lodernde Sonne unterging, weigerte die Luft sich, kühler zu werden, trotz nächtlicher Wolkenbrüche. Es war Regenzeit. Der lauwarme Regen ermunterte die Moskitos und ließ die Straßen zu Sumpfland werden, das dann eine halbe Stunde nach Sonnenaufgang zu dickem Staub getrocknet war. Zwischen fünf und sechs am Morgen gab es ein wenig frische Luft zu atmen. Innerhalb eines Tages meinte ich, schon jahrelang glücklich im Paramaribo Grand Hotel zu wohnen, ganz im Einklang mit dem geschäftigen Leben am Ort. Unter meinen neuen Freunden waren der Singer-Nähmaschinen-Mann, der so viel und so weit wie nur möglich in diesem Land umherreiste, um Zahlungen für seine Ware zu kassieren; ein holländischer Missionar von irgendeiner Station im Inneren; ein englisches Paar auf Ferien von einem entfernten Goldfeld. Aber es gab ja noch meinen Job, ich konnte nicht einfach vergnügt herumtollen.

Mein Job waren »unsere Jungen« und das Bauxit und die Kriegsanstrengungen. Ich fuhr hinaus zur Basis. Der Kommandeur war neunundzwanzig, der Geschwaderchef dreißig. Sie waren die alten Männer, und manchmal wurden sie »Sir« genannt; beide waren klug und lustig und wußten diesen erdrückenden Außenposten so zu steuern, daß die Arbeit getan wurde, die Männer gesund und unwahrscheinlich zufrieden blieben. Die Offiziere wohnten in der gleichen Art von Unterkunft wie die Männer, die Offiziersmesse war von derjenigen der Soldaten nur durch einen Vorhang getrennt, der nie geschlossen wurde. Der Offiziersclub hatte zehn minimal bequeme Sessel, drei abgewetzte Kartentische und eine improvisierte Bar. Ich fing an, die Basis zu mögen, und kaufte mir ein Paar Turnschuhe zum Schutz vor Sandflöhen.

Als ich den Burschen erzählte, daß ich beabsichtigte, über ihre edlen Anstrengungen und die Bauxitgruben zu schreiben, fielen sie vor Lachen um. Sie sagten, wenn ich auch nur einen Satz über eine Bauxitgrube schreiben könnte, würden sie mir einen Preis geben, die Haut einer sechs Meter langen Boa Constrictor, die den Club der Gemeinen schmückte. Der Barmann protestierte. »Das könnt ihr nicht machen, die gehört uns allen.« – »Unsinn«, sagte der Kommandeur, »ihr wißt doch, ihr Leute würdet eure Großmutter verkaufen. Geld, Geld, das ist alles, woran ihr denkt. Was, wenn ich euch 50 Dollar dafür biete?« – »Läuft nicht«, sagte der Barmann. »Streitet euch nicht«, sagte der Geschwaderchef, »sie gewinnt sowieso keinen Preis.«

Gewinn oder Verlust, sie waren bereit, mich zu der größten Bauxitgrube in einem Marineschnellboot zu schicken, das den Fluß patrouillierte und viel schneller war als die Barkasse. Ich bedankte mich und fragte, ob sie mir nun ihren ehrenvollen Auftrag erklären könnten. Der Kommandeur sagte, die Air-Force-Leute seien verwöhnt, die reinsten Schwächlinge, die jeden Tag mit ihren Maschinen aufsteigen und sich abkühlen könnten. Die Air-Force-Leute sagten, das Heer lebe in schändlicher Sicherheit, man möge nur an die Gefahren denken, denen sie sich täglich am Himmel ausgesetzt sähen. »Was für Gefahren denn?« fragte ein Leutnant aus dem Heer. »Der Motor könnte ausfallen«, sagte die Luftwaffe.

Das Schnellboot schoß den schlammigen Fluß hoch, der sich durch Mauern aus Dschungel wand. Nach einem mehr als ausreichenden Stück dieser wenig abwechslungsreichen Landschaft hielt es am Flußufer; ein Leutnant und ein Fahrer und ein Jeep warteten. Wir fuhren ein kurzes Stück landeinwärts. Wir klärten die Bauxitsituation sehr schnell. Man zeigte mir die Grube. Sie sah aus wie ein offenes Geröllfeld, umgegraben, umgepflügt. Der Fahrer gab mir etwas Lehm, rötlich, mit weißen Streifen drin, der in meiner Hand zerbröselte. »Das ist der Grund, warum wir hier sind«, sagte der Leutnant resignierend. Die Anlage, die mit dem Lehm das machte, was damit zu machen war, sah aus wie eine Ansammlung von Schuppen und Silos, rot eingestaubt und still. Ein Soldat marschierte ständig darum herum.

»Interessant?« fragte der Leutnant. Er sah keinen Tag älter aus als siebzehn.

»Oh, sehr.« Wir waren noch nicht aus dem Jeep ausgestiegen.

»Ich schätze, Sie haben jetzt nichts dagegen zurückzufahren«, sagte der Leutnant. »Ich würde keinen Hund bitten, auf einen Drink in mein Zelt mitzukommen.« – »Es gibt sowieso kein Eis«, sagte der Fahrer. »Krieg ist die Hölle.« Er sah keinen Tag älter aus als sechzehn.

MARY McCARTHY

Nordvietnamesisches Idyll

»Fahren Sie hinaus ins Feld« pflegten letztes Jahr amerikanische Beamte in großtuerisch belehrendem Ton den Neuankömmlingen in Saigon zu sagen; sie meinten damit, man solle näher an das eigentliche Kampfgeschehen herankommen, wenn einem daran lag, den Krieg auf Tuchfühlung zu erleben. In Nordvietnam verlangte man von dem Besucher keine Fahrt in die Kampfzone, wenn es einem darauf ankam – um mit den Nordvietnamesen zu reden –, »am Kampfe des vietnamesischen Volkes teilzunehmen«. Ja, man würde sicherlich nein gesagt haben, wenn ich den Wunsch geäußert hätte, zum 17. Breitengrad gebracht zu werden – eine Fahrt, die für einen Gast des Friedenskomitees zu lang und zu gefährlich sei. Und wenn man die unterschiedlichen Fahrtgeschwindigkeiten im Konvoi bei Nacht berücksichtigt, wäre es wahrscheinlich schwierig gewesen, Quartier, Mahlzeiten und Unterhaltung nach einem bestimmten Zeitplan vorzubereiten. Ein Reporter auf der Landstraße kann sich notfalls auf sein Glück und auf den Dolmetscher verlassen, aber bei Gästen erfordert es die Gastfreundschaft, daß alles auf Provinz-, Distrikt- und sogar Dorfebene mit den zuständigen Behörden im voraus festgelegt wird. – Potemkinsche Dörfer, könnte ein böswilliger Kritiker sagen, aber warum dann die unterschiedliche Behandlung von Gästen und Korrespondenten? Aber wie dem auch sei, so sieht jedenfalls die Praxis aus, und ich habe es nicht als Bevormundung empfunden, als mir der Frontbesuch vorenthalten wurde. Der Sinn des Krieges, wenn es ihn überhaupt gibt, müßte im Hinterland erkennbar werden – da, wo die Werte liegen, die verteidigt werden sollen; an der Front erscheint der Krieg als ein sinnloses Massaker, das nur die Götter begreifen mögen; so jedenfalls urteilten Homer und Tolstoi in ihren Kriegsschilderungen, mögen die nordvietnamesischen Filmstudios auch anderer Meinung sein.

Nichtsdestoweniger war es eine gute Idee – die auch von den Behörden in Hanoi unterstützt wurde –, die Stadt zu verlassen und, wenn auch nicht ins Feld, so doch auf die Felder zu fahren. Auf dem Lande sieht man den lyrischen Aspekt des Kampfes, das heißt: seinen revolutionären Gehalt. Alle Revolutionen haben ihre lyrische Phase (Castro mit seinen Leuten, wie er im offenen Boot auf die hohe See hinausfährt). Doch beschränkt sie sich oft auf die Ouvertüre, auf die ersten, glorreichen Tage. Diese lyrische Empfindungskraft, die heute, da ich diese Zeilen schreibe, in Paris pulsiert, wo rote und schwarze Fahnen auf der Sorbonne wehen und wo rebellierende Studenten den Notstand ausgerufen haben, ist immer mit einem plötzlich aufsteigenden Hoffen auf Verwandlung verquickt – auf etwas, das jeder für sich selbst verwirklichen möchte, ein Hoffen auf Wiedergeburt, obgleich die meisten vor der unabdingbaren Feuertaufe zurückschrecken. Hier in Frankreich befindet sich die reinigende Revolution, die vielleicht nur Rebellion ist, noch im Stadium der Hymnen an die Freiheit, des sozialistischen Redeschwalls, der Massengesänge, während die Mehrzahl der Menschen in einer Mischung aus Neugier und Gewährenlassen dem Getriebe tatenlos zuschaut. Aber in den ländlichen Gegenden Nordvietnams vollzieht sich unter dem Stimulus der Bombenangriffe eine gewaltige Metamorphose oder, wie die französischen Studenten sagen würden, eine Umstrukturierung, und zwar im durchaus wörtlichen Sinn. Berge sind bis jetzt noch nicht versetzt worden, aber tiefe Höhlen in diesen Bergen hat man in Fabriken umgewandelt. Universitäten, Schulen, Krankenhäuser, ganze Städte sind verladen und bei Nacht und Nebel aufs Land verlegt worden. Flüsse haben ihren Lauf geändert. Großstadtkinder sind zu Bauern geworden. Nomadenstämme hat man – dank der Bewässerungsprojekte – als Bauern angesiedelt und sie statt mit Pferden mit Fahrrädern beweglich gemacht. Reis wächst jetzt auf trockenem Land. Wenn man auch diese Revolution später einmal nach ihren wirtschaftlichen Ergebnissen beurteilen mag, gleichgültig ob sie eine vorübergehende Kriegserscheinung bleibt oder als ökonomisches Experiment von Dauer sein wird – Tatsache ist, daß man einfach vor einem Wunder steht. Keine der vielen Statistiken, die einem von den Behörden geboten werden, bereiten den Besucher auf die wirklichen Eindrücke vor, die ihm zum Teil wie eine reizvolle Zauberei erscheinen, mit allem, was dazu gehört – mit Verkleidungskunststücken und Kulissenwechsel auf offener Szene.

Die Vietnamesen mit ihrem Hang zum Moralisieren betrachten das Ganze mit größerem Ernst und betonen die Kontraste. »Früher«, sagen sie und weisen auf die mit geometrischer Regelmäßigkeit in Quadrate und Rechtecke aufgeteilten Reisfelder hin, »zeigten diese Felder ein verrücktes Muster.« – »Ja«, sage ich, »wie eine verrückte Steppdecke.« Dabei trauerte ich im stillen der unregelmäßigen Landaufteilung aus der Zeit der Kleinbauern nach. Mr. Phan, der Worte liebt (er war früher Kriegsberichterstatter), nickt, überdenkt noch einmal den Ausdruck und lächelt. »Ich persönlich«, erklärt er, »hasse alles Künstliche, aber bei den Reisfeldern mache ich eine Ausnahme.« Wir sind in der Provinz Hung Yen, einer flachen, wasserreichen Gegend, die wegen ihrer Maulbeerbäume und der vielen Bienen berühmt ist; die Bienen werden von der süßen Frucht des Drachenbaumes angezogen, des Longan, der hier wild wächst. Er bildet eine weitere, wenn auch etwas zweifelhaftere Ausnahme zu den häßlichen, aus Paraffin und Bienenwachs künstlich hergestellten Honigwaben, die man uns im Film zeigt. »Früher«, sagt Mr. Phan, »betrug die Honigerzeugung in dieser Gegend ein Fünftel der heutigen.« Mit »früher« oder »in der Vergangenheit« fängt jeder dritte Satz an, wenn man Hanoi hinter sich gelassen hat. In der Vergangenheit hatte diese Provinz angeblich nur ein kleines Hospital; jetzt gibt es neben dem Provinzialkrankenhaus in jedem Dorf eine Krankenstation, und jeder Distrikt besitzt außerdem noch ein eigenes Hospital. »Früher hat es in der ganzen Provinz nicht eine einzige höhere Schule gegeben; jetzt hat jeder einigermaßen bedeutende Ort eine.«

»In der Vergangenheit« und »früher«, dies sind Begriffe, die so viel heißen wie »unter den Franzosen« oder, in bestimmtem Zusammenhang, »unter den alten Großgrundbesitzern, den grausamen langs«. Es ist aber nicht nötig, das »Früher« zu kennen, um das »Jetzt« zu verstehen. Südvietnam unter den Amerikanern ist ein trauriges Beispiel für das »Früher«. Letztes Jahr sah ich dort die schmutzigen Dörfer und die Flüchtlingslager. Hier ist, was ich zu sehen bekomme, sauber. Es stimmt zwar, daß ich mich auf einer offiziellen Besuchsreise befinde, aber im Süden, außerhalb von Saigon, wurde ich auch stets begleitet, mal von einem Vertreter der amerikanischen Entwicklungshilfe, mal von einem Offizier – mit Ausnahme einiger Lager, die mir von südvietnamesischen Sozialhelfern gezeigt wurden. Im Süden lassen sich der Schmutz, die Krankheiten und das Elend nicht verbergen. Dort wüßte man gar nicht, wo man mit der Hilfe anfangen sollte. Zwar wird im Norden nicht gekämpft, das stimmt; aber eine amerikanische Invasion würde nur zu einem Ausgleich der Lage, zur Verbreitung von Hunger und Elend auch im Norden beitragen.

Jedenfalls sah ich im Norden keine Kinder mit Geschwüren und Krätze, keine Trachome (laut Gesundheitsministerium ist diese Augenkrankheit fast ganz ausgerottet), keine verfaulten Zähne und keine ausgemergelten Gestalten. Man braucht sich für den Besuch im Norden nicht gegen Pest impfen zu lassen, auch nicht gegen Cholera. Im Bergland des Nordwestens kommt angeblich noch Malaria vor. Auf dem Lande strotzten die Kinder und jungen Leute vor Gesundheit. Soweit ich es beurteilen konnte, erfreuten sich alle Einwohner unter vierzig bester körperlicher Verfassung. Bauern und Landarbeiter werden bei der Rationierung bevorzugt behandelt; sie dürfen ein kleines Stück Land zur privaten Nutzung behalten. Ein Unterschied im Aussehen besteht zwar, er ist aber nicht groß – wenn man die Landbevölkerung mit den Schreibtischarbeitern von Hanoi vergleicht, so ist es eben der Unterschied zwischen Stadt und Land, zwischen Land- und Zimmerluft.

Es war klar, daß die Leute in den Dörfern nur wenig ihr eigen nannten: ein paar Kochtöpfe, Teller und Tassen, Bettzeug, einen buddhistischen Altar mit ein wenig Schmuck, eine zweite Kleidungsgarnitur (die der Kleinkinder war meistens geflickt und abgetragen). Die Kleidung im Süden, hauptsächlich ehemalige Armeebestände und wohltätige Spenden, war im großen und ganzen besser. Bei einer Bauernfamilie im Norden vermißt man jegliche Kisten und Kasten, bis einem klar wird, daß sie ja kaum etwas aufzubewahren haben. Andererseits besaßen sie neue Brunnen und saubere Toiletten außerhalb des Hauses, manchmal eine für jede Familie, manchmal auch öffentliche. Man sah keine Abfälle in der Nähe der Häuser oder auf den Flüssen; es gab keine üblen Gerüche. Zu den einzelnen Gehöften führten hübsche, mit Backsteinen ausgelegte Wege, und gelegentlich war auch der Platz in der Mitte des Dorfes mit Ziegeln gepflastert. Ich erinnere mich lebhaft an den kleinen Platz in der Genossenschaft von Dai Ta, im Schatten von vier ineinander verschlungenen, jahrhundertealten Banyanbäumen, über denen, wie ein Baumhaus, der Wachturm mit einem Jungen der Miliz als Posten herausragte; in der Nähe hing die alte Dorfglocke. In dieser Häusergruppe war ein alter Mann, der französisch sprach und, in verblichene Uniformstücke gekleidet, offenbar ein freundlicher lang war, gerade dabei, neue Sorten auf alte Zitronenbäume zu pfropfen; an den Einschnitten waren die Stämme mit Stoff umwickelt. Er sei aus der Zurückgezogenheit herausgetreten, um die Erfahrungen seines Alters der Heimat zur Verfügung zu stellen; unter seiner Anleitung seien die jungen Papaya und Grapefruitbäume an den Wegrändern gepflanzt worden; und er wies auf einen Hahn der Rhode-Island-Rasse, der hinter uns auf der Erde nach Futter suchte, hin und meinte, er wolle jetzt den Versuch unternehmen, diesen Hahn mit den hier üblichen kleineren Hühnern zu kreuzen, um eine größere Rasse zu züchten.

Jede kleine Siedlung oder Genossenschaft war irgendwie stolz darauf, eine stämmige, junge Hebamme zu besitzen; diese Mädchen hatten selbst gerade erst das heiratsfähige Alter erreicht. In den Schulen sahen wir unter den Knaben und Mädchen viele Brillenträger, was den Kindern einen emsigen, fast »westlich« anmutenden Ausdruck verlieh. Ich konnte mich nicht erinnern, im Süden auch nur ein einziges Kind mit Brille gesehen zu haben. Früher, sagte unser Betreuer, habe die Landbevölkerung weder lesen noch schreiben können; heute könne es jeder. Zwar spricht das Erziehungsministerium noch von der Existenz einiger Reste von Analphabeten in der Nähe der chinesischen Grenze, doch herrscht im Volk ganz allgemein die Auffassung vor, daß alle von den Erziehungs- und Ausbildungsmaßnahmen der Regierung erfaßt werden sollen, daß die Jungen die Alten unterrichten, die Männer ihre Frauen. Außerhalb der Schulhäuser habe ich auf dem Lande jedoch so gut wie kein Buch gesehen, und das Lesen schien mir in manchen ländlichen Bezirken wegen der schlechten Beleuchtung und des frühen Aufstehens auch kaum durchführbar zu sein – bei den winzigen Petroleumlampen konnte man wirklich keine Zeile lesen. »Wo lesen eigentlich die Leute?« fragte ich die Vertreterin einer Distriktsverwaltung in einem von ethnischen Minderheiten bewohnten Dorf, und die Antwort lautete: »In den Büros, aber meist nur die Zeitungen. Sie haben keine Zeit.« Sie sprach von ihresgleichen. Die Bauern hörten Radio. Aber auch hier konnte man, wie in den meisten kommunistischen Ländern, einen großen Hunger nach Büchern beobachten – einen Hunger, der teilweise aus der bisherigen Knappheit an Büchern überhaupt und teilweise auch daraus entstanden ist, daß Druckerzeugnisse für die Leute dort sowieso etwas Neuartiges sind.

Das einzige, das ich während meiner Reise in Nordvietnam gegenüber dem Süden als Mangel empfand, war das Fehlen der zu jedem Streich aufgelegten, quicklebendigen kleinen Buben. Im Norden waren die Kinder freundlich, aber scheu und zurückhaltend, ganz anders als die jugendlichen Schwarzhändler und Gassenjungen im Süden. Ich will nicht gerade sagen, daß ich es bedauert habe, wenn mir keine Steine nachgeworfen wurden oder wenn ich nicht von einer Horde kleiner Jungen um eine Zigarette angebettelt wurde; aber es hätte mich doch gefreut, wenn uns ein Haufen ungebärdiger, furchtloser Kinder gefolgt wäre, so oft wir eine Dorfgenossenschaft besuchten und hier und da stehen blieben, um uns einen Webstuhl oder einen Musterschweinestall anzusehen. Hier sind die

Kinder, auch wenn sie gelegentlich einmal vorlaut sind, von einer mustergültigen Wohlerzogenheit. Ein kleines Mädchen, kaum größer als eine Puppe, drängt sich nach vorn und schiebt ihre Hand in die meinige: »Guten Tag, Tante.« – »Tante« ist für die Vietnamesen ein Ausdruck der Hochachtung, wie »Onkel« (daher »Onkel« Ho, denn in der vietnamesischen Familie ist der älteste Onkel, nicht der Vater, die anerkannte Respektperson), und eine Amerikanerin mit »Tante« anzureden, ist für ein Kind das Zeichen besonderer Zutraulichkeit. Diese Landbevölkerung, die noch nie einen Amerikaner zu Gesicht bekommen hat, es sei denn abgeschossene Piloten, scheint ohne weiteres den Gedanken zu akzeptieren, daß es auch »gute« Amerikaner gibt – eine Vorstellung, die mir an ihrer Statt, mangels eindeutiger Beweise, nicht so ohne weiteres gekommen wäre. Nie bin ich im Norden einer Frau begegnet, die mich mit haßerfüllten Augen angesehen hätte, während ich dies im Süden des öfteren erlebt habe. Hier gab es nur Neugier und oft den Wunsch, die fremde Frau wie einen unbekannten Gegenstand anzurühren. Junge Mädchen drängten sich häufig dicht an mich heran und verschränkten Hände oder Arme mit mir, wenn wir uns den Fotografen stellten oder einer Begrüßungsansprache zuhörten. An Stelle der fehlenden gemeinsamen Sprache drückte man seine Gefühle mit freundlichen Blicken, mit Lächeln und Zärtlichkeiten aus. Der Abschied erinnerte jedesmal an die Abiturfeiern zu Hause, wenn die Eltern (in diesem Falle unser Führer) darauf warteten, den schmerzlichen Einschnitt der Trennung vorzunehmen.

    Um Vergleiche ziehen zu können, war es nützlich, vorher in Südvietnam gewesen zu sein. Aber man hätte ebensogut vom Mond gekommen sein können, um zu erkennen, daß in den Provinzen Hung Yen oder Hoa Binh irgend etwas ganz Erstaunliches vor sich ging. Zum Beispiel die Schulen auf dem flachen Lande, versteckt unter Strohdächern oder Palmen, so daß sie aus der Luft fast nicht zu sehen waren. Zweifellos muß es hierzu historische Parallelen geben; ich weiß aus alten Erzählungen meiner Familie, daß mein Urururgroßvater und seine Brüder, denen der Schulbesuch von den Engländern untersagt war, ihren Unterricht von irischen Priestern in den Weizenfeldern erhielten, wo sie vor den Augen der Unterdrücker durch die hohen Getreidehalme geschützt waren. Die Iren und Nordvietnamesen seien durch das Band des nationalen Widerstandswillens miteinander verbunden, erklärte mir eines Abends in der Schriftstellergewerkschaft ein rundlicher, älterer vietnamesischer Dichter; Troubadour oder Wandersänger nannte er sich, weil er im Rahmen der Truppenbetreuung an der Entmilitarisierten Zone Gedichte vortrug und sich dabei selbst auf einem Musikinstrument begleitete (offenbar das Gegenstück zu den Bauchtänzerinnen, die sich der Marineinfanterie annehmen); in jungen Jahren, unter französischer Herrschaft, habe er sich in die irische Geschichte verliebt – C'était ma passion –; wir sprachen über Parnell. Doch ist meine Geschichte aus Irland, wenn sie stimmen sollte, nur ein frommes Märchen gegenüber dem Untertauchen nordvietnamesischer Lehrer und Schüler, deren Unterricht in Bambusdickichten und Reisfeldern zu einer lebendigen Legende geworden ist. Allein die Größenordnung, in der sich dieses Auseinanderziehen über weite Landstriche vollzieht, erinnert an das Schicksal frühchristlicher Einsiedler in der Libyschen Wüste und in den Höhlen am Toten Meer.

In der Provinz Hung Yen lassen wir die Wagen am Straßenrand stehen und wandern zu Fuß über die Deiche. Eine Gruppe junger Lehrer begleitet uns; einer von ihnen, erklären sie voll Stolz, sei aus dem Süden. Im Norden begegnet man einer ganzen Anzahl junger Leute, die von jenseits des 17. Breitengrades stammen; es sind Kinder von Viet-Minh-Kämpfern, die sich in den Jahren 1954 und 1955 im Norden wieder zusammengefunden haben. Diese Menschen aus dem Süden haben, wenn sie aus dem Mekong-Delta stammen, meist eine etwas dunklere Hautfarbe, breitere Gesichter und weniger glattes Haar; ihre Anwesenheit in Schulen oder Genossenschaften wird als Auszeichnung empfunden: »Sie stammt aus der Provinz Bien Hoa bei Saigon.«

Der an der Spitze unserer kleinen Gruppe gehende Literaturlehrer sagt in höflichem Tonfall, er gebe seinen Schülern Auszüge aus

Werken amerikanischer Schriftsteller zu lesen. »Meine Schüler bevorzugen Burchett.« – »Aber Wilfred Burchett ist Australier. Ich habe ihn in Hanoi getroffen.« – »Burchett ist ein kommunistischer Journalist, der einen nordvietnamesischen Paß besitzt. Sie lesen sehr gern Zehn Tage, die die Welt erschütterten.« – »Ja, das war ein Amerikaner.« Hier im Mündungsgebiet des Roten Flusses hat es stark geregnet. Neben den überschwemmten Feldern sind alte Bauern damit beschäftigt, das Wasser mit altertümlichen Gerätschaften auszuschöpfen. Die Schulhütten sind neu, Ziegelbauten mit Palmdächern; sie verkriechen sich unter Bananenbäumen. Im Lehrerzimmer steht eine Beethovenbüste, die jedes Jahr für besondere Leistungen in der Literatur verliehen wird. Wir betreten ein Klassenzimmer, wo der Lehrer, ein hagerer, ernsthaft dreinblickender junger Mann, an der Tafel steht. Die Schüler erheben sich und klatschen in die Hände. Das Klatschen ist eine Begrüßungsform, und man erwartet von dem Gast, wenn ich mich nicht irre, daß er mitklatscht. Die Kinder haben gerade Geschichtsunterricht.

Auf die Wandtafel ist mit Kreide eine militärische Lage gezeichnet – ein Gefecht gegen die Franzosen aus dem Jahre 1950, flüstert mir Mrs. Chi zu. Ich bin überrascht, denn meiner Ansicht nach ist dies nicht »Geschichte« im Sinne des Schulunterrichts. Jeder Schüler besitzt ein Lehrbuch, illustriert mit Reproduktionen von Fotos. Mit einem Blick über die Schulter des mir am nächsten sitzenden Mädchens glaube ich zu erraten, daß es sich um die Geschichte des Widerstandes gegen die Franzosen handelt; gegen Ende des Schuljahres werden sie bis Dien Bien Phu gekommen sein. Das heutige Thema hat mit Geschichte eigentlich nichts zu tun; es ist eine Unterrichtsstunde in Militärtaktik. Mit dem Zeigestock erklärt der Lehrer, wie es den Viet Minh gelang, die Franzosen aus einem Fort in den Dschungel zu locken. Er illustriert seinen Vortrag mit Anekdoten. Ein Schüler erzählt die lustige Geschichte von einem Koch, der ein paar hungrige Franzosen dadurch zur Übergabe veranlaßte, daß er ihnen etwas Reis in einer Schüssel anbot. Alle lachen.

Es ist eine gute Klasse; alle beteiligen sich aufmerksam und lebhaft am Unterricht. Die Mädchen tragen ordentliche, lange, braune Kordsamtjacken. Auch die Knaben sind sauber angezogen. Das Alter der Schüler dürfte zwischen fünfzehn und sechzehn liegen; es handelt sich offenbar um eine Mittelschule. Die ganze Atmosphäre erinnert mich an Schulzimmer aus meiner Kindheit. In Amerika würde man heutzutage keine so disziplinierte Schulklasse mehr finden. Aber während meiner Schulzeit nach dem Ersten Weltkrieg wurden wir nicht über die taktischen Probleme von Soissons oder Château-Thierry unterrichtet. Amerikanische Geschichte, das war der Bürgerkrieg und »Remember the Maine« und der Unabhängigkeitskrieg. Vielleicht »hatten« wir auch Gettysburg oder Antietam oder Chancellorsville, aber ich kann mich nicht erinnern, daß wir je etwas über taktische Überlegungen hinsichtlich dieser Schlachten gehört hätten. Taktische Fragen wurden, wenn meine Erinnerung mich nicht trügt, nur bei Cäsar behandelt: Wie er die Brücke über den Rhein schlug und die Boote der Veneter mit den langen Enterhaken seiner Schiffe überwältigte. Und noch etwas über Waterloo und die Schlachtordnung der englischen Flotte. Und so sollte meiner Meinung nach Geschichte auch heute noch gelehrt werden: in der Vergangenheit verwurzelt, ohne leidenschaftliche Parteinahme für die eine oder andere Seite, aber trotzdem so, daß die Einbildungskraft angeregt wird. Zu meiner Zeit ergriffen wir Kinder für den einen oder anderen Helden Partei; wir stritten uns untereinander, wer der größere gewesen sei: Napoleon oder Wellington, Marlborough oder Prinz Eugen, Hektor oder Achilles. Die Generale der Südstaaten boten in diesem Zusammenhang ein weites Feld: Beauregard, Stonewall Jackson, Morgan the Raider. Aber unsere Heldengestalten waren nicht die offiziellen Helden der Nation, oft das Gegenteil; man konnte sich sogar für Spione und Verräter erwärmen, für Major André und Benedict Arnold statt für Paul Revere. Wie die meisten begeisterungsfähigen jungen Leute vertrat ich gewöhnlich die Sache der Verlierer. Die Weltgeschichte kommt, wenn sie dergestalt gelehrt, oder besser, gelernt wird, der Kunst sehr nahe: Sie ist eine »Geschichte«.

Es war indessen wohl noch zu früh, als daß man bei diesen in den Kriegswirren aufgewachsenen Kindern irgendwelche Sympathien für De Lattre de Tassigny und noch weniger für den unfähigen General Navarre hätte erhoffen können. Die Geschichte, wie sie den Vietnamesen durch die Franzosen beigebracht wurde, war eher geeignet, Rachegefühle gegenüber den französischen Lehrbüchern aufkommen zu lassen. Mr. Phan zitierte gern aus dem ersten Kapitel des Geschichtsbuches, das er seinerzeit auswendig lernen mußte: »Unsere Vorfahren, die Gallier ...« In Literatur hatten Mr. Phan und ich dieselben französischen Lehrbücher – Crouzet, Desgranges –, aber die Vergangenheit hatte bei mir nicht – wie bei Mr. Phan – unverhielte Narben zurückgelassen: Mein Nationalstolz war nicht verletzt.

Trotzdem bedauerte ich die Kartenskizze auf der Schultafel. Abgesehen davon, daß mir die offenkundige Einseitigkeit der Geschichtsdarstellung nicht gefiel (die Weltgeschichte ist viel reicher, als diese Kinder je erkennen würden), war ich mir der Tatsache bewußt, daß man diesen Unterricht zu Hause als reine Propaganda bezeichnen würde: »Sie füttern die Schulkinder mit Propaganda.« Doch war es kein ideologischer Unterricht, der hier erteilt wurde, außer dem immer wiederkehrenden Schlagwort – »die französischen Kolonialherren, unterstützt von den amerikanischen Aggressoren« –, was sogar den Tatsachen entsprach: Indochina war 1950 eine französische Kolonie, die erhebliche Militärhilfe von den Vereinigten Staaten erhielt, und die amerikanischen Absichten waren gegenüber den Vietnamesen gewißlich nicht rein defensiver Natur. Das, was die Kinder in ihrem Lehrbuch und an der Tafel lernten, war eher eine praktische Anweisung zum Handeln. Es war ein Unterricht zu dem Thema »Sei bereit«. Nur ein Narr hätte von ihnen das Studium der mongolischen Invasion aus dem dreizehnten Jahrhundert erwarten können. Wahrscheinlich hatten sie derlei in der Volksschule gehört, als von den zwei Schwestern die Rede war, die, wie die britannische Boadicea im Kampf gegen die Römer, als vietnamesische Königinnen die chinesischen Eindringlinge im 1. Jahrhundert zurückwarfen, bis sie sich, an der Spitze ihres Heeres besiegt, in einem Fluß ertränkten.

In der nächsten Klasse, die wir besuchten, wurde Geometrie unterrichtet. Die Schüler, die sich bei unserem Eintreten ebenfalls erhoben, waren ein wenig älter, ungefähr siebzehn; nur ein etwas farbloses Mädchen befand sich unter ihnen. Die Knaben sahen gut aus, einige waren mit ihren glänzenden Haaren, leuchtenden Augen und ihrer makellosen Haut geradezu schön zu nennen. Akne gibt es in Nordvietnam nicht. Der Lehrer an der Tafel, kaum älter als die Schüler, sah ebenfalls gut aus – er war heiter, er lachte, er machte einen freundlichen Eindruck. Die meisten Schüler, meinte Mr. Phan, seien Bauernkinder; die Lehrer, die von »auswärts« stammten, wohnten bei den Bauernfamilien, so wie es vor fünfzig, sechzig Jahren in den ländlichen Gegenden Amerikas die Regel war, als die Lehrer von den Farmern aufgenommen wurden. Der Mittelschicht angehörende Spezialisten aus Hanoi wurden ebenfalls bei den Bauern untergebracht, denen sie neue landwirtschaftliche Arbeitsmethoden beibrachten; diese Provinz war früher sehr rückständig gewesen. »Unsere Experten haben viel von der Landbevölkerung gelernt«, warf Mrs. Chi ein. »Es sind für sie ganz neue Erfahrungen.« Die Notwendigkeit, vom Volk zu lernen, wird im Norden oft besonders hervorgehoben; dasselbe haben wir auch in der Sowjetunion mehrfach gehört, wo man revisionistische Schriftsteller aufs Land verschickt, damit sie »vom Volke lernen«, so wie man junge Missetäter bei uns im kapitalistischen Westen in Erziehungsheime schickt. Aber auf Mrs. Chis Lippen gewann der Ausdruck einen zarten, fast tolstoischen Klang, einen milden, weichen, ehrerbietigen Unterton, den ich im Süden auch gehört habe, doch schlägt er dort ins Bittere, Melancholische um. Die Südvietnamesen auf amerikanischer Seite, die sich der Armen und der Bauern annehmen – und es gab solche letztes Jahr –, verzweifeln allmählich an der Unfähigkeit der amerikanischen Berater, das Volk zu begreifen, geschweige denn, von ihm zu lernen.

In dieser Schulklasse fühlte ich mich wohler. Die geometrischen Kegelschnitte an der Tafel waren allgemeingültig, sie waren irgendwie ewig, demokratisch, sie waren dieselben in der Provinz Hung Yen wie im Staate Washington. Hier hatten die Schüler, wenn sie aufgerufen wurden, die Antwort nicht sofort bereit; die Aufgaben waren schwieriger, sie erforderten Gedankenarbeit und nicht bloßes Auswendiglernen. Der Lehrer merkte, daß seine Schüler sich durch den Besuch gehemmt fühlten; er reagierte prompt und schrieb die richtige Lösung selber an die Tafel. Ich wurde aufgefordert, vor der Klasse eine kleine Ansprache zu halten. Am Ende einer Besuchsreise bittet man den Gast häufig, seine Eindrücke (»über unsere Fabrik/ Genossenschaft/Schule/Krankenstation«) in ein paar Worten zusammenzufassen. Ich habe es nie sehr gut gekonnt und diese Aufgabe meist meinem Begleiter überlassen, aber heute hatte ich mehr Zutrauen zu mir selbst. Noch ganz unter dem belebenden Eindruck der Geometrie als eines universalen Bindegliedes stehend, wollte ich der Klasse gerade diesen Gedanken näherbringen. Aber entweder klappte etwas mit der Übersetzung nicht, oder meine Gedankenführung, die in Wirklichkeit dem Eintreten für eine parteilose Welt der reinen Form gleichkam, ging so vollkommen an den Interessen der Schüler oder dem, was sie von mir zu hören erwartet hatten, vorbei – jedenfalls fiel ich mit meiner Ansprache durch. Als der Übersetzer geendet hatte, blickte mich die Klasse verständnislos an, als seien die Worte, die sie gehört hatten, ein leerer Briefumschlag gewesen, der den weiten Weg von den USA per Luftpost mit Einschreiben zu ihnen gereist war, aber keinerlei Mitteilung enthielt.

Wieder im Gästehaus der Provinz angelangt, aßen wir eine zweite Mahlzeit unter dem Fallschirm der »Drohne«, die dort abgeschossen worden war. Am Ende des Raumes lagen Trümmer eines Bombenflugzeuges, und aufgemalt auf einem Metallstück waren Buchstaben zu lesen, die wohl Teil eines Namens bildeten: »Lt. ED. VAN OR...«. Der Vizepräsident der Provinz (im Süden würde er sich Stellvertretender Provinzchef nennen) war ein ehemaliger Viet-Minh-Kämpfer; um den Hals trug er eine andere Trophäe – ein Tuch aus französischem Tarnstoff. Ein alter Armeekoch, der wie ein Seemann aussah, hatte einen prächtigen Karpfen zubereitet – am selben Nachmittag aus dem nahegelegenen Fischteich geholt – mit Dill, Tomaten und Karotten. Der Vizepräsident schenkte Mandarinenwein in kleine Gläser, ein rosafarbenes, wohlschmeckendes, wenn auch etwas süßliches Getränk. Mehrere Toasts wurden ausgebracht. Als er den Mandarinenwein unter dem durchlöcherten Zelthimmel des gestreiften Fallschirms trank (draußen fiel ein starker Regen), verdunkelten sich seine breiten Züge, ein Goldzahn blitzte auf, und ich mußte unwillkürlich an den harten Stenka Rasin denken, den Anarchisten, den heldenhaften Rebellen der russischen Sümpfe, der zur Zeit des Alexej, im 17. Jahrhundert, die ganze Wolga entlang eine Kosakenrepublik gründete, in der gleiches Recht für alle galt. (Hat der Leser den Eindruck, daß einige dieser Vergleiche etwas zu weit hergeholt sind? Sie sind meist meinen Notizen entnommen, die ich gleich an Ort und Stelle niederschrieb, eilig, um nichts zu vergessen, während mir zum Beispiel Mrs. Chi an unserem Schlafzimmertisch gegenübersitzt und über dem Bericht des dritten Parteikongresses zu Fragen der Landwirtschaft grübelt. Etwas Merkwürdiges und vielleicht auch Bedeutsames an Nordvietnam ist gerade diese historische Resonanz. Was einem dort auch seltsam oder neuartig vorkommen mag, besitzt doch gleichzeitig auch einen unüberhörbaren Beziehungsreichtum: »An wen oder was erinnert mich dies doch ganz deutlich?« Weit hergeholt ist vielleicht das richtige Wort.)

Es war zu schlammig für die vorgesehene Besichtigung einer Genossenschaft; statt dessen zeigte man uns Filme, und der Vizepräsident gab uns statistisches Zahlenmaterial über die Provinz. Er sprach über die Bombenangriffe, doch gab es hier nicht viel zu berichten: die Provinz Hung Yen hatte keine schweren Angriffe erlebt – deshalb war sie auch für unseren Besuch ausgewählt worden. Nur Xuan Duc war von 300 gewöhnlichen Bomben vollständig zerstört, Minh Hai hatte erhebliche Phosphorschäden erlitten, ebenso Lai Vu. Er sagte, die amerikanischen Flugzeuge hätten Schmetterlinge über den Erntefeldern abgeworfen, was mir merkwürdig vorkam. Im Wagen auf der Heimfahrt erklärte Mr. Phan, der Vizepräsident habe Insekten gemeint – aber es gibt tatsächlich einen Bombentyp, der als »Schmetterling« bezeichnet wird. Ich fragte ihn, ob wir die Provinzhauptstadt besuchen könnten, die nur etwa eine

Meile entfernt lag; dort gebe es nichts mehr zu sehen, erwiderte er entschuldigend – nur noch verschlossene Gebäude; die Stadt sei völlig evakuiert worden.

An den Hauptstraßen des Nordens stößt der Besucher auf solche Geisterstädte, Geisterfabriken, Geisterspitäler – sie lassen einen, wie die große öde Universität von Hanoi, an das Todestal denken. In der Provinz Hoa Binh, die ich in der nächsten Woche besuchte, kamen wir eines Morgens zu einem großen, gelben, modernen Bau, hinter dem noch einige Nebengebäude lagen: das Hoa-Binh-Hospital. Es war am 20. August 1966 von Bomben getroffen worden. Das Dach des Hauptgebäudes – auf dem man, unseren Führern zufolge, ein Rotes Kreuz angebracht hatte – war eingestürzt, und in dem hohen Gras ringsum lagen tiefe Bombentrichter. Das weiter hinten liegende Entbindungsheim war relativ unbeschädigt; im Innern des Gebäudes waren überall die Krankenblätter der Patienten verstreut. Wir hoben einige auf und lasen: Mutter, Pyelitis; Kind, Diarrhöe, und so weiter. An dem Hauptzufahrtsweg wuchsen noch die alten Ziersträucher, doch waren sie von Unkraut überwuchert. Angesichts dieser Verwüstung fürchtete ich mich fast, die Frage zu stellen: »Wie viele Todesopfer?« – »Keines«, antworteten unsere Führer mit einem Lächeln. »Aber wie ist das möglich?« – »Wir hatten das Krankenhaus evakuiert, bevor die Bomber kamen.« Sie standen da und nickten. Das war ein ganz normaler Vorgang. Das gleiche war mit dem Stahlwerk von Thai Nguyen, dem Stolz Nordvietnams, geschehen. Als die Bomben fielen, war es bereits leer. Niemand mehr da. Amerikaner, die das Thema »Kriegsverbrechen« als »Propaganda« abtun, würden, wenn man ihnen Fotografien zeigte, zweifellos einwenden, daß das Hoa-Binh-Hospital evakuiert worden sei, um als Waffenlager zu dienen. Vielleicht. Aber nichts deutete darauf hin, es gab keinerlei Beweise dafür, daß das Hospital jemals mit anderem Personal als Ärzten und Patienten belegt war. Man sah es dem Krankenhaus an, daß es in großer Eile verlassen worden und niemand zurückgekehrt war, außer Besuchern wie uns.

Solche verlassenen Ruinen würden pathetisch wirken, wie verlorene Hoffnungen (das Provinzialkrankenhaus war eine der neuen sozialistischen Errungenschaften gewesen), wenn es dabei sein Bewenden hätte. Aber seltsam genug: Eine Fülle neuer Krankenhäuser hat die alten ersetzt, im Wald und auf den Feldern, manchmal unter dem Schutz einer überhängenden Klippe. Ein Operationssaal ist provisorisch in einer Hütte oder Höhle eingerichtet worden, mit einem Petroleum-Generator und einem winzigen alten Eisschrank, in dem Sera und Impfstoffe gelagert sind. Diese Völkerwanderung von Ärzten und Ausrüstung mag zu einer Hebung der Volksgesundheit geführt haben: So wurde zum Beispiel ein vorzüglich ausgebildeter junger Arzt aus Hanoi in eine Thai-Siedlung »versetzt«, wo man noch auf traditionelle Weise in Pfahlbauten wohnt. Die in einem Tal dicht beieinander stehenden Behausungen sahen aus einiger Entfernung wie natürliche Bestandteile der Wildnis aus – wie eine Art Vogelkolonie oder eine Ansammlung von Bienenkörben. Wir wurden in einer dieser abgeschiedenen Siedlungen empfangen, wo man noch alten, zum Teil unzivilisierten Sitten huldigt und die Menschen noch »wild« im alten Sinne dieses Wortes dahinleben. Man zieht die Schuhe aus, bevor man zu dem Familienwohnraum hinaufsteigt. Drinnen gibt es zwei große Feuerstellen – man denkt zurück an die erste Gewinnung des Feuers. An der einen Feuerstelle reden die Männer miteinander, die andere dient den Frauen zum Kochen. Matten und roh gewebte Decken liegen als Schlafstatt auf dem Boden, für die Männer an dem einen, für die Frauen am andern Ende des Raumes. Die Frauen plaudern unter sich, während sie unter einem rauchgeschwärzten Regal, wo eßbare Wurzeln und Maiskolben zum Trocknen aufgehängt sind, das Essen in eisernen Töpfen zubereiten. Man reicht mir das Stück eines frisch gerösteten Tapioka-Fladens. Die Knaben haben, solange sie klein sind, silberne Kettchen um den Hals; die Frauen tragen Ohrringe, und die jungen Mädchen verhüllen aus schamhafter Bescheidenheit ihre Brüste in einem engen, die Figur abflachenden Leibchen aus Baumwollstoff. Aber dank der Nähe des evakuierten Hospitals drüben hinter der schwankenden Balkenbrücke haben diese primitiven Familien schnell etwas von Hygiene gelernt: Sie kochen das Wasser ab, waschen sich regelmäßig, benutzen neue Zementlatrinen. Die Schweine, die früher in den Abfallhaufen unter den Pfahlbauten zu leben pflegten, sind jetzt in reinlichen Schweineställen untergebracht; Schweinefleisch ist hier sehr beliebt. Und diese rasch vor sich gehende Revolution der Lebensgewohnheiten ist von den »Johnsons« bewirkt worden, die oben am Himmel vorüberziehen und gelegentlich ein paar Bomben über anderen, verschlafen daliegenden Thai-Siedlungen fallen lassen, ohne das Hospital zu treffen (falls sie es darauf abgesehen haben sollten), das als einziges »militärisches« Ziel unter einem überhängenden Steilhang versteckt liegt.

»Aus diesem Wirrsal, der Gefahr, keimt uns die Blume der Geborgenheit« (Hotspur) könnte als Überschrift über der trotzigen Haltung Hanois gegenüber dem Pentagon stehen. Trotzige Verachtung des Gegners und all der materiellen Schwierigkeiten kennzeichnen die allgemeine Einstellung in den Provinzen, die jetzt den größten Teil der Hilfsquellen des Landes beherbergen: ausgelagerte Industrien, Laboratorien, Ärzte, die Jugend. Ho Chi Minh selbst lebt, Gerüchten zufolge, an einem sicheren Ort auf dem Lande; deshalb blieb er kürzlich für die Besucher in Hanoi unsichtbar. Die Phantasie der Menschen versetzt ihn, wie Kaiser Barbarossa, in eine Berghöhle, aus der er, wenn das Volk ihn ruft, wieder erscheinen wird. Als er im Jahre 1940 in das damalige Indochina zurückkehrte, lebte er tatsächlich, wie auch am Ende des Zweiten Weltkrieges, in einer Höhle neben einem Gebirgsbach in Pac Bo nahe der chinesischen Grenze. Im Revolutionsmuseum zeigt man Fotos der Höhle sowie seine wenigen Habseligkeiten von damals, als er ständig auf der Flucht war; ein besonderes Schaustück ist sein »Koffer«, ein kleiner, flacher Weidenkorb. Er reiste mit leichtem Gepäck. Bei seinen zahlreichen Namensänderungen, die so viele proteushafte Inkarnationen zu kennzeichnen scheinen, ist er zur legendären Gestalt, zu einem allgegenwärtigen, nicht faßbaren Geist, zum genius loci geworden. Die ganze Saga der Evakuierungen trägt seinen Stempel: Beweglichkeit, Einfachheit, Entbehrung, Findigkeit. Die Vietnamesische Revolution hat ihren lyrischen Gehalt mit der Rückkehr zum Urmythos der Ho'schen Berghöhle wiedergewonnen. Und die Bomber haben dazu die Inspiration geliefert.

Die Provinz Hoa Binh im Westen von Hanoi ist ein Bergland voller Naturwunder und Überraschungen: Höhlen, von der Natur geschaffene Brücken, zuckerhutähnliche Berggipfel, seltsame Steinformationen, die aufrecht stehenden Grabmälern gleichen. Der Schwarze Fluß windet sich durch diese Landschaft, und nicht allzu weit entfernt liegt Dien Bien Phu mit ähnlichen Gesteinsformen und derselben Vegetation: Auch dort wächst der ban, ein Baum, der mit der Erinnerung an den Feldzug um Dien Bien Phu eng verknüpft ist, so wie die Mohnfelder in Flandern zum Ersten Weltkrieg gehören. Die frühesten Zeugnisse einer vietnamesischen Kultur aus dem Neolithikum, etwa 5000 v. Chr., wurden in Höhlen und Grotten dieser Provinz entdeckt, als man Knochenreste des sogenannten Hoa-Binh-Menschen bei Ausgrabungen fand. Ein späterer, der sogenannte Bac-Son-Mensch, wurde bei Hanoi gefunden. Die archäologischen Grabungsarbeiten sind bei Kriegsausbruch nicht eingestellt worden – sie gehören gewissermaßen mit zu den Kriegsanstrengungen des Landes, denn die jüngsten Funde aus der Bronzezeit beweisen zur Genugtuung der Vietnamesen, daß es bereits in eben dieser Bronzezeit eine von der gleichzeitigen chinesischen Kultur der Han-Zeit deutlich unterschiedene, spezifisch vietnamesische Kultur gegeben hat, kurz, daß Vietnam als unauflösliche Einheit immer existiert hat und immer weiterleben wird.

Ein Funktionär der örtlichen Verwaltung, der uns als »Ständiges Mitglied« vorgestellt wurde, begrüßte uns in der Dunkelheit, als wir mit den Wagen die Provinzgrenze passierten. Er war ein alter Widerstandskämpfer aus der Provinz Quang Ngai, südlich des 17. Breitengrades, offenbar bäuerlicher Abstammung, mit zerfurchtem Gesicht, freundlichem Ausdruck und großen, lächelnd gezeigten Zähnen. Er führte uns beim Schein einer Taschenlampe auf Fußpfaden durch den Wald zu einer evakuierten Fabrik, die aus einer Reihe von Werkstätten bestand und unter überhängenden Felsen als natürlichem

Bombenschutz eingerichtet worden war. Dies war an sich schon bemerkenswert, aber er hatte sich für uns noch eine besondere Überraschung aufgehoben: eine Kammer im Berg, an allen vier Seiten geschlossen und zugänglich nur durch ein vom Menschen geschaffenes Tor. Hier stellten die Nachfahren des Hoa-Binh-Menschen landwirtschaftliche Geräte her. Knaben hatten die Höhle entdeckt und sich von oben durch eine kleine Öffnung hinuntergelassen. Dann hatte man den Zugang herausgesprengt und von einem Generator, der weiter unten stand, ein elektrisches Kabel hineingelegt. Gerade war die Nachtschicht eingerückt (man arbeitete hier 24 Stunden in drei Achtstundenschichten), fast ausnahmslos junge Leute, darunter einige Muong-Mädchen von einem weiteren hier lebenden Bergstamm, die ihren Stammesschmuck trugen und die natürliche Scheu vor Fremden noch nicht verloren hatten. Die prasselnde Glut einer Schmiede in dem von der Natur geschaffenen Gewölbe erinnerte mich an Verdi und den Chor revolutionärer Patrioten: Ich mußte an Ernani denken. Wie in der Fabrik von Hanoi, wo junge Mädchen Generatoren in Handarbeit herstellten, vollzog sich auch hier in dieser Geheimkammer die Arbeit rein handwerklich; man stellte kräftesparende Geräte her, wie zum Beispiel elektrisch getriebene Teewalzen, mit denen der Saft aus den Blättern entfernt wird.

Im Wald, nicht weit von den Werkstätten, lagen die Trümmer eines amerikanischen Flugzeuges. Die Leute zeigten uns das Produkt einer ihnen unbekannten Zivilisation und ließen den Schein der Taschenlampen darüber hinweghuschen, um Kennzeichen und Typ des Flugzeugs zu erkennen; irgendwo in der Nähe befand sich das Grab des Piloten. Wiederum dachte ich an Ernani und die nächtliche Szene am Grabmal Karls IV., Verdis Risorgimento-Musik, seine Vorliebe für Stürme in der Nacht, für Patrioten und Freiheitskämpfer paßt gut zur gegenwärtigen Situation in Nordvietnam. Auf der nächtlichen Rückfahrt nach Hanoi, zwei Tage später, passierten wir eine Menschenmenge, die sich am Eingang einer großen Berghöhle versammelt hatte. Es war Samstagabend; die Leute wollten sich in dem »evakuierten« Kino einen Film ansehen.

Die Provinz Hoa Binh war, obwohl sie als relativ sicher galt, häufiger bombardiert worden als die Provinz Hung Yen. Es fielen auch ein paar Bomben, als wir dort waren, und eines Morgens sahen wir einen Schwarm US-Flugzeuge, die aus Thailand gekommen waren, am Himmel über uns; sie störten unseren kleinen Fahrzeugkonvoi jedoch nicht. Der durch Bomben in dieser Gegend verursachte Schaden ließ keinen einheitlichen Angriffsplan erkennen. Hier war das Ziel ein Krankenhaus gewesen, dort die Unterkünfte einer Zuckerplantage, hier eine kleine Garage für Ackerschlepper, dort Hütten oder eine Landwirtschaftsschule (am 4. März 1966 fielen hier zwanzig Splitterbomben und vierzig Raketen; ein Arbeiter wurde im Schullabor getötet, drei Lehrer verletzt, das Labor zerstört). Durch das Autofenster sah ich flüchtig eine zerstörte Steinbrücke über einen Fluß. »Air Force?« Mr. Phan schüttelte mit breitem Lächeln den Kopf. »Wir waren es. In unserem Krieg gegen Frankreich.« Ich konnte da begreiflicherweise keinen Unterschied sehen. Aber Mr Phan war, was die Genauigkeit anlangte, ebenso stolz wie pedantisch: Er wollte durchaus nicht, daß sich irgendwelche Fehler in mein Notizbuch einschlichen. Entlang dem kurzen Wegestück, auf dem wir fuhren, der Route 6, waren im vergangenen Jahr 4000 Splitterbomben gefallen.

Die Gefahr wurde durch die kilometerlangen Gräben deutlich, die man um die wiederaufgebaute Landwirtschaftsschule gezogen hatte. Der ganze Komplex erstreckte sich über ein weites Gebiet sorgfältig getarnter kleiner Häuser, in denen die Klassenzimmer, Schlafsäle und Aufenthaltsräume untergebracht waren. Man mußte einen Wasserlauf durchwaten, um zu der Schule zu gelangen, oder man näherte sich ihr auf etwas abenteuerliche Weise vom Schwarzen Fluß her mit Motorboot oder Sampan – letzteres erlaubte man mir nicht. Die engen, mit Stroh verkleideten Grabentunnel, die wie Maulwurfsgänge mit in kurzen Abständen angelegten Einstiegsmöglichkeiten wirkten, galten als besonders guter Schutz gegen Splitterbomben. Dieses Grabensystem erstreckte sich über eine Länge von dreieinhalb Meilen. Jeden Morgen hatten die Kinder auf dem Schulweg ihre Habseligkeiten in Bündeln bei sich und deponierten sie an demjenigen Grabenausgang, der ihrem Klassenzimmer am nächsten lag: in Heimarbeit gewebte Decken, Schlafmatten, Tragetaschen – alles, was sie besaßen. Dies taten sie als Vorkehrung für den Fall, daß ihr strohverkleideter Schlafsaal inzwischen in Flammen aufgehen sollte. Aber trotz der Gefahren und Unbequemlichkeiten, ja, vielleicht gerade deswegen, war die Stimmung in der Schule ausgezeichnet. Der Unterricht wurde draußen unter den Bäumen abgehalten; es herrschte eine Atmosphäre wie in der Zeit kurz vor den Ferien, wenn sich in den kleineren amerikanischen Colleges die Seminare unter einer Eiche oder Ulme versammeln. Auf einem ins Sonnenlicht gerückten Tisch war ein behelfsmäßiges Labor für chemische Experimente aufgebaut: Die Schüler, die zu Agronomen ausgebildet werden, erhalten eine naturwissenschaftliche Grundausbildung. Ein Schulchor unterhielt uns mit Volksliedern. Wir wurden fotografiert. Aber das Mittagessen wartete auf die Schüler: Reis, ein heißer Brei, Gemüse. Wir fuhren weiter.

Einige Lehrer begleiteten uns bis zur Furt. Ich machte eine Bemerkung über die offenbar ausgezeichnete Gesundheit der Schüler. Eine Lehrerin pflichtete mir bei. »Das Leben an der frischen Luft ist gut für sie.« Sie seufzte ein wenig und schüttelte den Kopf. Ich weiß nicht, was für ein Schatten über ihre Gedanken zog. Vielleicht dachte sie darüber nach, daß auf geheimnisvolle Weise Gutes aus Bösem entstehen könne. Oder – ein verwandter Gedanke – was dermaleinst geschehen würde, wenn die Bomber nicht mehr kämen. Wird sich diese pastorale Szene auflösen, werden die Tarnblätter einfach weggefegt werden und die Kinder zu ihren Eltern in den Städten zurückkehren?

Ich habe mir selbst oft Gedanken darüber gemacht, besonders in einer so idyllischen Umgebung, wie wohl die Bevölkerung auf das plötzliche Ende der Bombendrohung reagieren würde. Es wäre nicht mehr notwendig, Fabriken in Berghöhlen zu verstecken, Schulen in Feldern und Dschungeln untertauchen zu lassen und Grabensysteme anzulegen. Wäre es möglich, diese ganze Kunst, all diese

Künstlichkeit zu institutionalisieren – sie in Form von Fotos zu Museumsstücken zu machen?

Aber die Lehrerin dachte möglicherweise an etwas ganz anderes: an die Front. Während wir am Fluß standen und uns formell verabschiedeten, zählten wahrscheinlich die Amerikaner in Khe Sanh die an diesem Vormittag gefallenen Nordvietnamesen. Dieses Thema wird in Nordvietnam nie erwähnt, jedenfalls nicht in Gegenwart von Fremden. Darüber sprechen die Menschen nur, wenn sie unter sich sind. Und wenn man keine Anspielungen auf Gefallenenziffern hört (obwohl, wenn auch nicht offiziell, zugegeben wird, daß Truppen im Süden kämpfen), vergißt man nur allzu leicht, daß die Söhne, Gatten, Verlobten, Brüder und Vettern der freundlichen Menschen, denen man begegnet, tagein tagaus getötet werden. Erst als ich Nordvietnam verlassen hatte und eine kapitalistische Zeitung aufschlug, fielen mir die nordvietnamesischen Toten wieder ein. Ich fragte mich, wie es denn überhaupt hatte möglich sein können, zweieinhalb Wochen lang, inmitten eines großangelegten militärischen Ausbildungsprogramms für die nordvietnamesische Jugend, diese Überlegung völlig aus dem Auge zu verlieren. Die Macht der Überzeugungskraft, ohne Zweifel. Die Nordvietnamesen hatten mich mit dem Glauben an die Unsterblichkeit ihrer Nation, mit ihrer Fähigkeit, sich zu zerstreuen, sich zu tarnen, zu verschwinden, und – vor allem anderen – mit ihrer Gleichgültigkeit dem Tod gegenüber infiziert.

Eine zusätzliche Erklärung mag darin liegen, daß nichts an die Erdkämpfe erinnert – keine Verwundeten, die herumhumpeln oder, bleich und blutig, in einen Hubschrauber gehoben werden, wie ich es im Süden gesehen hatte, keine Feldlazarette, keine Leichen, fertig zum Transport, wie auf dem Flugplatz von Phu Bai. Die nordvietnamesischen Soldaten starben anderswo. Aus den Augen, aus dem Sinn ... oder? Trotzdem mußte ich im Norden an unsere Marines in Khe Sanh denken. Erst am Abend zuvor hatte in dem Hotel, in dem ich wohnte, das »Ständige Mitglied«, ein, wie ich meine, rechtschaffener Mann, mit Entsetzen und voller Mitleid für die jungen Amerikaner von dieser Hölle gesprochen, in der sie gefangen waren. Und ältere Nordvietnamesen, insbesondere Männer, die zu Anfang des Krieges mitgekämpft hatten, ließen gelegentlich eine ernste und ehrliche Sympathie für den amerikanischen Infanteristen erkennen – eine Sympathie, die sich allerdings keineswegs auch auf die Piloten erstreckte, die von ihren sicheren, bequemen Basen in Thailand oder auf den Flugzeugträgern der Siebenten Flotte aufstiegen, um ihre Bombenlast auf die Bevölkerung abzuladen und zum Abendessen wieder zurückzusein. So muß das, was gleich südlich des 17. Breitengrades geschah, allen gegenwärtig gewesen sein.

Zwar schweigen sich die Nordvietnamesen über ihre Verluste aus – zur Verwunderung der ausländischen Presse liefert man auch keine Gesamtstatistiken über die Verluste im Norden durch die US-Bomber und den Beschuß durch die Flotte –, doch kann man keineswegs sagen, daß es so etwas wie eine offizielle Verschwörung gebe mit dem Zweck, der Bevölkerung die Wahrheit zu verschleiern. Die Sendungen der »Stimme Amerikas« und der BBC werden nicht gestört, und es existiert auch, soweit ich weiß, kein Verbot, sie abzuhören. Das offizielle Schweigen muß seinen Grund haben in einer allgemeinen, einmütigen Haltung: »Wir sprechen nicht über unsere Verluste.« Kein Wunder also, daß der Gast aus der Fremde es gar nicht erst zu erfahren sucht und seine Gedanken nicht in diese Richtung gehen läßt. Ich fragte, wie das Flüßchen heiße, das wir gerade durchwateten. Der Schulleiter kratzte sich den Kopf und besprach sich mit den Lehrern. »Es scheint«, so übersetzte Mrs. Chi, »überhaupt keinen Namen zu haben. Es gibt hier so viele Flüsse. Man kann ihnen allen einfach keinen Namen geben.« Allgemeines Gelächter – ein unbedeutendes, unzähligen anderen gleichendes Gebilde der Natur mit einem Namen wie mit einem Etikett versehen zu wollen, das war eine absonderliche amerikanische Vorstellung. Und sie lachten sicherlich auch darüber, wie schlagfertig und findig sie mit ihrer Antwort gewesen waren, indem eine offensichtliche Armut – das Fehlen eines Namens – sich verwandelt hatte in den Beweis eines unerschöpflichen Reichtums: So übermäßig viele Flüsse gab es, daß die Sprache nicht ausreiche, Wörter für sie zu finden.

DJUNA BARNES

Der Saum von Manhattan

Wenn man eine Yachtfahrt um Manhattan Island unternimmt, befindet man sich in der peinlichen Lage eines Menschen, der erst zum Fremden im eigenen Haus werden muß, um es mit der notwendigen Farbigkeit beschreiben zu können.

Wieviel einfacher hat einer es doch, der, beispielsweise, nach Rußland geschickt worden ist, um in Worten deren dortige Nachmittagsmahlzeit und ihre Wohnungen zu malen. Oder der nach Frankreich gefahren ist, um durch die Überreste dessen zu schlendern, was einst die anschaulichen Partien von Kusine Millys Briefen nach Hause ausmachte; um eine Zeitlang die Boulevards entlangzulaufen oder begehrliche Blicke auf Hüte unweit des Cafés zu werfen, von dem Jules mir neulich abend erzählt hat. Oder der anderen dabei zugeschaut hat, wie sie französische Zigaretten geraucht haben, oder der Napoleons Grab besichtigt hat oder dort entlanggelaufen ist, wo Sarah Bernhardt immer entlangging, oder das Café zu finden versucht hat, wo Verlaine und Baudelaire ihre Gedichte schrieben, oder sonst irgendeins der zehn Millionen Dinge, die einer zu sehen erwartet, wenn er eine Reise in ein fremdes Land unternimmt.

Dort würde einem auffallen, wie die Knöpfe gemacht sind, weil es ein fremder, neuer Mensch wäre, der sie in einem fremden, alten Land an seinen Kleidern hätte. Hier fehlen einem die Knöpfe nie, bis sie abfallen.

Hier schaut man die Dinge an, weil man Augen hat. Dort hat einer Augen, damit er sich Betrachtungen hingeben kann. Das ist die unausweichliche Tragödie der Vertrautheit mit dem eigenen Zuhause. Hier durchleben wir das tägliche Programm, weil wir müssen; doch erst wenn man reist – und sei es auch nur nach Kansas, einmal vorausgesetzt, Kansas sei ein fremdes Land –, macht man die Entdeckung, daß man, um würdigen und verstehen zu können, auf keinem allzu freundschaftlichen Fuß mit Architektur und Menschen stehen darf.

Der bildende Teil des Lebens ist, daß man Guten Tag! sagt. Das Auf Wiedersehen ist nur der traurige kleine Punkt hinter einem nicht länger benötigten Absatz.

Wer war das noch, der gesagt hat: »Mein Freund, du kannst nicht schauen in dein Haus, denn von dort gelangtest du hinaus?« Und so bin ich mit tausend Millionen anderer verdammt, es sei denn, ich befände mich dereinst an einem einsamen Ort, wo ich mit Erfolg nach den Echos riefe, mit denen ich mich umgeben habe und die niemals zurückrufen, seit ich geboren bin. An einem Ort, der mir so fremd sein wird wie ich ihm.

Das ist ein erfreulicher Gedanke, doch erspart er mir nicht meine letzte Aufgabe: die Rückschau auf meine Wiederbegegnung mit Manhattan Island.

Ich glaube, diese Rundfahrt wird als Vergnügungsfahrt angeboten. Vielleicht bin ich ja melancholisch, wie ich mir oft habe sagen lassen, doch was kann man auch anderes sein, wenn man, um das Schiff zu erreichen, als erstes die Death Avenue überqueren muß? Und was soll man denn anderes empfinden als Verzweiflung, wenn dreieinhalb Stunden lang Elend, Armut, Tod, Alter und Wahnsinn vorüberziehen?

Die beiden Küstenlinien sind durch einen Streifen Wasser von klagloser Glätte getrennt, wie zwei Sträflinge, die drei gleichmütige Kettenglieder zwischen sich haben: zwei schreckliche Positive, die durch ein Negativ getrennt sind.

Doch wie der Geschichtenerzähler sagen würde: Fangen wir beim Anfang an.

Ich glaube, es war etwa 14 Uhr 30, als ich losfuhr. Das Schiff war in seiner Art das kleinste, das ich je betreten habe, und als ich an Bord stieg, war das Oberdeck bereits voll von steifrückigen Schullehrern aus dem Mittleren Westen, die überwiegend bärtige Herren waren und zu Krawattennadeln verarbeitete Nuggets trugen.

Gemeinsam saßen sie in geschlossenen Reihen, wie in einem Klassenzimmer, und hin und wieder wandten sie die Köpfe gerade um soviel, daß sie zielstrebig aufs Wasser blicken konnten, denn sie waren da, um zu sehen, und sie würden sehen.

Die Sonne schien heiß, und ich hörte Tauwerk und Planken knarren. Ich will noch erwähnen, daß ich auf dieser Fahrt nicht mehr als ein einziges Kind gesehen habe. Und das war schließlich auch ganz richtig so. Kinder fährt man nach Bear Island oder hudsonaufwärts zu einem Zeltplatz, zu irgendeinem Platz, der wenigstens wie ein fester Punkt aussieht.

Die Yacht lief aus und begann, einen weiten Bogen um den Battery Park zu schlagen, und schon trat der Mann mit dem Megaphon vor und begann zu leiern: »Das Gebäude links von Ihnen ist bekannt als Woolworth Tower, das größte Gebäude der Welt. Es ist soundsoviel Fuß hoch ...« – er nannte die genaue Anzahl Fuß und Zoll, als sei es im Wachstum, und dann wandte er sich in die andere Richtung und setzte beiläufig hinzu: »Rechts von Ihnen ein Truppenschiff, das, wie Sie sehen, mit unseren Jungs in Khaki gefüllt ist.«

Dann hörten wir Stimmen, gleich Hunderte, die über das dazwischenliegende Wasser zu uns hinüberdrangen. Ein seltsamer Schrei, ein glücklicher Schrei, ein Jubelschrei, der von Verhängnis und Tod kündete. Alle standen auf, schrien, schwenkten Arme und Taschentücher. Ein paar Worte trug es zu uns hinüber, als wir längsseits gingen und vorbeiglitten. »Wir schnappen uns den Kaiser«, und das oft wiederholte »Schließt euch an!« Einer, der ein Stückchen weiter vorn stand, warf einen übermütigen Handkuß; andere steckten ihre zerzausten Köpfe aus den Luken. Ich mußte an Coney Island denken und an die Stimme, die gewöhnlich zu solchen emporgereckten Köpfen gehört: »Drei Schuß ein Nickel!«

Ich blickte mich um: Alle saßen auf dieselbe passive Weise, steif und konventionell und unbewegt.

Wenn man die Skyline betrachtete, während das Schiff den

Battery Park umrundete, stieg New York aus dem Wasser wie eine mächtige Woge, die nicht wußte, wie sie wieder zurücksinken sollte, und deshalb grauenerfüllt verharrte, wie sie war, und aus der Million Fenster hinausspähte, hinter die sie die Menschen gesperrt hatten.

Schiffe waren wie Schoßhunde an die Docks gebunden, und ein kleiner Schleppdampfer, der wie ein Spitz aussah, knurrte uns von der Seite an und reckte seine Nase aus dem grünen, unbeteiligten Wasser, als versuche er zu beißen.

Die Brooklyn-Bridge, die Manhattan-, die Williamsburg- und die Queensborobridge kamen in Sicht und reichten bis in weite Ferne. Der Megaphonmann kam wieder und erklärte, Steve Brodie sei der erste gewesen, der von dieser Brücke gesprungen und am Leben geblieben sei. Danach habe er ein Café aufgemacht und sei ein ziemliches Original.

Und dann dachte ich an eine andere Fahrt, die ich einmal gemacht hatte – einen billigen Ausflug auf einem größeren und schmutzigeren Schiff. Irgendwie hatte mir der besser gefallen; das Ganze hatte so etwas Lebendiges, Sorgloses, Menschliches gehabt. Da hatten Babys in orientalischen Posen an Deck gelegen und nach der Flasche geschrien; junge Leute in Windjacken und offenen Hemden hatten miteinander gekichert und Lieder gesungen; es hatte ein gewaltiges Durcheinander geherrscht – Tanz, Musik, Spaß. Die Lunchpakete hatten aus gleich aussehenden Schachteln mit einem Sandwich, einem Ei, einem Stück Kuchen bestanden, und dann die Sodakannen, die Ingwerbierflaschen – das Aufklatschen, wenn ab und zu eine auf die Wasseroberfläche traf, die einer von den jungen Leuten, der seinen Durst gelöscht hatte, vom Oberdeck hinabgeschleudert hatte. Ich kehrte aus meinen Erinnerungen zurück und schaute mir die Passagiere auf diesem Schiff an, die mit gefalteten Händen auf Baumwoll- und Barchentmänteln saßen und zuweilen vor sich hin murmelten, hoffentlich seien die erzieherisch wertvollen Bestandteile New Yorks mit dem bloßen Auge erkennbar. Das waren sie durchaus, doch sie – sahen sie nicht.

Der einzige Abfall, der sich nicht wieder aufbereiten läßt, scheint der menschliche Geist zu sein. Hier an den Ufern schaukelten Barken, in denen der Müll der Stadt aufgehäuft war, im öligen, dunklen Wasser ächzten die gewaltigen Abfallberge einer Stadt in der Sonne, wie ein dösender Vielfraß nach einer Orgie. Man hatte das Gefühl, wenn man scharf genug hinhörte, würde man seinen schweratmenden Schlund hören können: die Berge schienen sich zu bewegen, sich langsam zu heben und zu senken, ein mächtiger Bauch auf einer Couch. Ach, unsere modernen Seerosenmädchen von Astolat sind die namenlosen Toten aus dem Leichenschauhaus, die auf den Armenfriedhöfen hinter den Krankenhäusern aufgereiht liegen, und diese gewaltige, nimmer endende tägliche Geburt der toten Nahrung der Stadt. Mir war vorher noch nie in den Sinn gekommen, daß es schrecklichere Orte gibt als Friedhöfe. Das sind die Müllkippen, und wie aasfressende Vögel, die über einem Schlachtfeld kreisen, so machen sich Menschen über diesen Schmutz und diese Verwesung her und suchen nach Anmachholz, Papier für die Papiermühlen und Lumpen für die Papierfabriken und weiß der Himmel wonach noch, und irgend jemand verdient an dieser schrecklichen Auferstehung eine Million.

Vom Saum des Wassers kamen wir gekrochen und begannen den langsamen Anstieg ins Menschenleben, und zum Saum des Wassers werden wir am Ende zurückgeführt, zum großen, nassen Grab, das alle Tränen trocknet, das den Rohstoff liefert und das vollendete Werkzeug wieder an sich nimmt und weder Freude noch Schmerz kennt; denn dies ist das Ende aller menschlichen Lieder.

Und wie schon gesagt: »Der Mensch ist das einzige, das sich nicht weiterverwenden läßt, wenn etwas nicht mehr in Ordnung ist.« Jeder kann sich selbst ein Bild davon machen. Genau gegenüber diesem Saum von Müll, diesen schwerbeladenen Barken, gibt es ein Heim für Geisteskranke. Keine Hand tastet in diesen armen, verwirrten Hirnen nach irgendeinem Gedanken, der noch verwendbar wäre. Da gibt es keinen, der der Stadt etwas für das Privileg bezahlte, aus diesem traurigen Abfall das eine oder andere verlorengegangene Schöne zu bergen; keiner empfängt Lohn dafür, daß er die Finger krumm macht, um einen kleinen Kienspan aus diesem zerrütteten Haus zu retten, und da läßt sich auch aus dem Niedergang des Gartens nichts Einträgliches mehr herausholen.

Und unmittelbar daneben Old Men's Home. Graue, hakenkrumme Gestalten bewegen sich über die prächtigen Rasenflächen und rasten zwischen den mächtigen Bäumen, die ihre grüne Pracht über den Boden ergießen. Alte Männer wie flüchtige Pollen in einer Brise, deren Flug der Welt nichts einbringt.

Und nun werden Sie sagen: »Genug damit! Hier geht es doch um eine Vergnügungsfahrt – so beschreiben Sie uns doch, was Sie Schönes erlebt haben!« Wie kann ich das, wenn es doch nichts Schönes oder Erfreuliches zu sehen gab außer dem allzeit erfreulichen Himmel, dem Grün von Gras und Bäumen und gelegentlich einer hübschen Turmspitze?

Weiter ging die Fahrt, und der Megaphonmann unterteilte sie durch zwei Witze. Bei dem einen lief es darauf hinaus, daß im Flatiron Building die Hunde auf und ab statt seitwärts wedelten, und bei dem anderen, daß kein Tauber je verurteilt worden sei – dieser kam, als wir an einem Gefängnis vorbeifuhren –, und zwar aus dem einfachen Grunde, daß er Gehör finden müsse.

Und während ich diese Insel mit ihren alten Männern und ihren Gefängnissen, Krankenhäusern und dem Heim für unheilbar Kranke anschaute, dachte ich an den Tag zurück, den ich, genau auf der anderen Seite von Hell Gate, auf einem Streifen Land mit einem Jungen verbracht hatte, der zu dem Schluß gelangt war, die Gesellschaft sei schwer zu begreifen. Es war ein einsamer, flacher Streifen Marschland, dicht bewachsen mit wildem, hohem Gras, das im Wasser wurzelte. Von dem zerfallenen Haus liefen Planken zum Ufer, wo ein Boot verankert war. Diese Insel mit ihrem Strandgut und ihrem Schlick und dem Salzgeruch bei Ebbe ließ mich damals an solche menschlichen Wesen denken. Zuweilen leidet die Natur an einer Unpäßlichkeit – diese Insel war eine davon. Über das Wasser drangen, es war später Nachmittag, die Schreie der Wahnsinnigen – ein wildes, trauriges Schreien, das nach und nach von den anderen aufgenommen wurde, so als spielten sie ein Spiel über den Wahnsinn –, und ein Schauer durchlief mich, und ich hätte ebenfalls gern geschrien, und ich fragte ihn, wie er das ertragen könne. Er lächelte. »Manchmal«, sagte er, »denke ich, wir sind eigentlich die Verrückten. Man hat doch auch Lieder, mit denen man in die Schlacht zieht – weshalb sollen sie nicht ihre Lieder haben, um in den Tod zu ziehen?« Danach sagte er, sie kämen oft herübergeschwommen und spielten völlig friedlich miteinander.

Doch ja, das ist vorüber – die Insel liegt nun unter Sonne und Regen, und der Junge ist nicht mehr da –, was aus ihm geworden ist, weiß niemand, vielleicht ein Landstreicher, ein Insasse eines der Häuser gegenüber. Doch eins weiß ich: wo immer er auch hingegangen sein mag, er hat ein wenig von der Freiheit eines ungezähmten Lebens mitgenommen, der kein gewöhnlicher Wahnsinn etwas anhaben kann.

Jetzt fuhren wir unter der letzten Brücke der Harlemer Serie hindurch, an der ein Soldat mit geschultertem Gewehr stand – und hinaus in den Halbmond von Spuyten Duyvil Creek. Kleine nackte Kinder liefen am holzbefestigten Ufer hin und her und ließen sich seufzend auf die Blätter fallen wie die Eicheln. Andere schauten aus kleinen, badenassen, blinzelnden Augen zu uns her und winkten, um dann rasch ins Wasser zu springen, damit wir ihnen für ihre fabelhafte Gelenkigkeit gebührende Bewunderung zollen konnten.

Die Wende im Spuyten Duyvil Creek erlebten wir auf die angenehme Weise, daß wir diese Kinder beobachteten, bis wir sie nicht mehr sehen konnten. Und das war mein erster zufriedener Augenblick auf der ganzen Fahrt. Von den Hängen blickten etliche schmucke Häuser durch die Bäume herab, und im Licht des nahenden Abends standen die Palisades so schwerelos wie ein Rauchwölkchen.

Die Luft roch eine Spur nach Regen. Ein kleines Motorboot schoß an uns vorbei, und ein Junge mit braunen Armen steuerte und rief uns ein Hallo zu. Ein Kanu mit drei Paddlern und einem Mädchen ganz vorn tauchte aus dem Flußarm hinter uns auf. In ebenmäßigem Rhythmus tauchten die Paddel ein und ließen zarte silberne Wasserperlen fallen.

Ein Junge trat mit dem Ruf: »Eiskaltes Sodawasser!« aus der heißen Kajüte. Ein Schokoladenverkäufer trat auf meinen Hut – ich lächelte.

Der Steuermann mit dem braunen, faltigen Gesicht drehte langsam das Steuerrad und blickte in die Ferne. Der Megaphonmann forderte uns auf, uns ein weißes Haus an der Uferstraße ganz genau anzusehen. »Wahrscheinlich mit Zigaretten gebaut«, sagte er. Wir beugten uns alle vor. Dann lenkte er unsere Aufmerksamkeit auf das College. Sämtliche Schulmeister aus dem Westen standen auf.

»Ich wüßte gern«, sagte der eine, »ob die sich hier mit höherer Mathematik auseinandersetzen.« Ein anderer antwortete lakonisch: »Spinoza.« Sie setzten sich wieder hin.

Irgendwo, überall dort drüben in der Welt, die wir umrundet hatten und gegen die sich nur eine Stimme abhob – die des Megaphonmanns –, hielten Schauspielerinnen ihren Schönheitsschlaf oder erlernten in ihrer Schule mit Eifer einen neuen Tanz. Irgendwo tötete ein Mann eine Mücke, und wieder woanders baute einer eine Bombe. Jemand küßte, und jemand tötete, jemand wurde geboren, und jemand starb. Manche aßen und tranken und lachten, und andere hungerten. Einige dachten, und andere taten es nicht. Kellner bewegten sich durch die großen Hotels und schleppten ihre Dienstbarkeit mit sich wie Züge. Wichtigtuerische Herren mit dicken Ringen erörterten zwischen Spucknäpfen politische Fragen, und hübsche Frauen lasen Romane mit gelben Rücken und hoben die Hand, um sie von Galanen küssen zu lassen. Und dort spazierten auch einige umher, die schauten uns an, wie wir sie unsererseits anschauten.

Die hohen Gebäude warfen ihre Schatten nieder auf kleine Gebäude, große Männer auf kleine, Freude auf Kummer. Neben mir gähnte jemand und kaufte Postkarten, fünfunddreißig Ansichten für einen Vierteldollar, und ich besaß tausend für gar nichts!

Und noch war von der Stadt her nur ein schwacher Laut zu

hören, wie von reißendem Gewebe – die eine Hälfte der Masse zog in die eine und die andere Hälfte in die andere Richtung. Eins der vielen selbstgenügsamen Schleppschiffe tutete uns von den Docks her zu, und die Fabriksirenen heulten zurück, wie Herren, die sie nach Hause riefen. Eine Leuchtreklame stand gegen den Himmel und warb für eine Kaugummimarke, und daneben der Turm einer Kirche. Riesige Lagerhäuser und Getreidesilos trugen grelle Reklameschilder; man hatte den Eindruck, ganz Manhattan stünde zum Verkauf.

Links von uns ein dunkler Saum von Schiffen – holländischen, deutschen, italienischen.

Und irgendwo in all diesem Gewirr der menschlichen Leben und dem Gewirr der Häuser, landeinwärts, dort, wo man weder Meer noch Nebel sehen konnte, lag meine eigene private kleine Wohnung, die Zuhause hieß.

Und es geht doch nichts über ein Zuhause, vor allem, weil wir dort am besten vergessen können.

Nachbemerkung der Herausgeberin

Wenn die Autorinnen dieses Bandes als »wilde Frauen« bezeichnet werden, möge das als Ausdruck der Bewunderung dafür gelten, daß manche Frauen zu Zeiten, als sie noch streng auf Heim und Herd verwiesen waren, ihre Geschicke in die eigenen Hände nahmen und dank ihrer Unerschrockenheit die unglaublichsten Dinge erlebten.

Da sei erinnert an Gertrude Bell, die (zu Beginn des Jahrhunderts) nicht nur die Alpen bestieg, sondern auch Arabien bereiste und dort fast heimischer wurde als in England.

Oder an Elizabeth von Arnim, eine Engländerin, die einen deutschen Aristokraten heiratete, doch, statt die Pflichten ihres Standes zu erfüllen, reist, wohin es ihr gefällt. Die holprigen Sandstraßen der Insel Rügen können sie nicht schrecken, wohl aber die »Normalität« ihrer Cousine Charlotte – als wäre es die Professorengattin, die aus der Rolle gefallen ist.

Djuna Barnes schockierte die Öffentlichkeit der dreißiger Jahre mit ihren Magazinbeiträgen: eine Frau, die Frauen liebte und außerdem ganz unabhängig war – als Selbstversorgerin und als eigenwillige Schriftstellerin mit dem Blick für Dinge, die niemand außer ihr sah. Sie mußte nicht weit reisen, um Neues zu entdecken. Ihre Heimatstadt New York verwandelt sich unter ihren Augen in eine exotische Landschaft.

Außergewöhnlich auch das Leben der Alexandra David-Néel: Sie studierte an der Sorbonne, als das noch ein Skandal war, und reiste als namhafte Orientalistin allein durch die wildesten Gegenden Asiens. Mehrfach knapp dem Tode entronnen, war sie schließlich 101 Jahre alt, als sie 1969 starb. In Tibet widerfuhr ihr, was keiner Europäerin bisher vergönnt war: Sie wurde in den Stand eines Lama erhoben.

Die Engländerin Freya Stark hingegen reiste und forschte aus purem Vergnügen und machte daraus kein Hehl. Ihre Reiseerzählungen sprühen nur so vor Lebenslust, Witz und Ironie.

Ella Maillart, 1903 im calvinistischen Genf geboren, wurde Mitglied der Schweizer Ski-Nationalmannschaft. Beim Bergsteigen und beim Segeln auf rauher See fand sie Erfüllung, also ließ sie den Lehrerberuf sausen und ging auf große Fahrt ...

Last but not least Martha Gellhorn und Mary McCarthy. Sie reisten gerade in Gegenden, die jeder meidet, dem sein Leben lieb ist. Als Kriegsberichterstatterinnen schilderten sie nicht die Triumphe der Generäle, sondern das, was zwischen den Fronten und mit den Menschen geschah, die es dort aushielten, in Grenzsituationen der Gefahr und der Ungewißheit. Ob es Journalistenpflicht oder Abenteuerlust war, was die beiden Autorinnen dorthin zog: wer weiß?

Eines aber haben alle hier versammelten »wilden« Frauen gemeinsam: Sie waren unangepaßt, eigenwillig, furchtlos und lebenszugewandt. Welch ein Lichtblick!

Quellenverzeichnis

Der Abdruck der Beiträge erfolgt mit freundlicher Genehmigung der Lizenzgeber. Titel mit * stammen von der Herausgeberin.

Gertrude Bell, Ein schwieriger Gipfel, aus: Ich war eine Tochter Arabiens. Das abenteuerliche Leben einer Frau zwischen Orient und Okzident. Ü: Gerda Bean. © 1993 Scherz Verlag Bern, München, Wien.

Freya Stark, Zwei Wochen in Nordwest-Luristan, aus: Im Tal der Mörder. Eine verbotene Reise in das geheimnisvolle Persien. Ü: Fortunat Weigel. © 1991 Weitbrecht Verlag in K. Thienemanns Verlag Stuttgart, Wien.

Alexandra David-Néel, Beinahe am Ende, aus: Mein Weg durch Himmel und Hölle. Ü: Ada Ditzen. © Scherz Verlag Bern und München.

Ella Maillart, Vom Klassenzimmer aufs Meer*, aus: Vagabundin des Meeres. Eine unerschrockene Frau auf hoher See. Ü: Marion Balkenhol. © 1991 Edition Erdmann im K. Thienemanns Verlag Stuttgart, Wien.

Elizabeth von Armin, Charlotte*, Originaltitel: Von Göhren nach Thiessow, aus: Elizabeth auf Rügen. Ein Reiseroman. Ü: Anna Marie von Welk, © 1989 Ullstein Verlag Frankfurt/Main, Berlin.

Martha Gellhorn, Bummeln auf Booten, aus: Reisen mit mir und ihm. Berichte. Ü: Herwart Rosemann, © 1990 Rowohlt Taschenbuch Verlag GmbH, Reinbek.

Mary McCarthy, Nordvietnamesisches Idyll, aus: Hanoi 1968. Ü: Karl Otto von Czernicki. © 1968 Droemersche Verlagsanstalt Knaur Nachf. München, Zürich.

Djuna Barnes, Der Saum von Manhattan, aus: New York. Geschichten und Reportagen aus einer Metropole. Ü: Karin Kersten. © 1987 Verlag Klaus Wagenbach, Berlin.